KLAGE

Kölner Linguistische Arbeiten - Germanistik

Herausgegeben von Heinz Vater

31

Gabriele Kniffka

NP-Aufspaltung im Deutschen

Gabel Verlag

1996

Die Deutsche Bibliothek - CIP-Einheitsaufnahme

Kniffka, Gabriele :
NP-Aufspaltung im Deutschen / Gabriele Kniffka. -
1. ed. - Hürth : Gabel, 1996
(Kölner linguistische Arbeiten - Germanistik ; 31)
ISBN 3-921527-34-1
NE: GT

First Edition Published 1996 by Gabel Verlag
Jülichstraße 7, D-50354 Hürth, Germany

ISBN 3-921527-34-1
ISSN 0939-9275

Meinen Eltern

Vorwort

Die vorliegende Arbeit wurde im Sommersemester 1995 von der Philosophischen Fakultät der Universität zu Köln als Dissertation angenommen.
1. Referent: Prof. Dr. H. Vater, 2. Referent: Prof. Dr. D. Busse
Tag des Rigorosums: 8.Juli 1995.

Ich habe vielen zu danken. Mein Dank gilt zunächst Heinz Vater, der diese Arbeit angeregt und betreut hat. Verpflichtet bin ich auch zahlreichen Informanten im Familien-, Freundes- und Bekanntenkreis, deren jahrelanger Tätigkeit ich einen großen Teil des Datenkorpus verdanke. Für die freundliche Erlaubnis, ihre spontanen Äußerungen verwenden zu dürfen, sage ich herzlichen Dank; Charlotte Bauer darüber hinaus für das kontinuierliche Exzerpieren zahlreicher Belege aus literarischen Quellen.
Hiltrud Hoffmann danke ich aufrichtig für die unentwegte, oft schwierige Besorgung linguistischer Literatur während langjähriger Auslandstätigkeiten.
Otto Esser und Konstanze Weinstock bin ich für Unterstützung bei der Bearbeitung und Analyse der Tonbandmitschnitte verpflichtet.
Hannes Kniffka schulde ich den meisten Dank.

Köln, im Dezember 1996 — Gabriele Kniffka

Inhaltsverzeichnis

1. Einleitung

1.1 Gegenstand der Untersuchung

In den vergangenen zehn Jahren hat die linguistische Forschung in verstärktem Maße der Struktur der Nominalphrase Aufmerksamkeit gewidmet. Ausdruck des gestiegenen Interesses waren u.a. das NP-Forschungsprojekt an der Universität Köln, das Kolloquium zur Nominalgruppe, das im November 1990 in Nizza veranstaltet wurde[1], sowie zahlreiche Arbeiten zur Problematik DP/NP im Rahmen der Rektions- und Bindungstheorie (vgl. ABNEY 1986, RITTER 1987). Wurden bisher in den unterschiedlichen Versionen des X-bar-Systems Nominalphrasen als maximale Projektionen der lexikalischen Kategorie N mit einem Nomen als Kern angesehen (N"), so wird neuerdings von einigen generativen Linguisten, wie etwa OLSEN 1989, angenommen, daß die Nominalphrase in eine Determinansphrase (DP) mit einem Determinans als Kopf eingebettet ist (vgl. auch HAIDER 1988).

Die vorliegende Arbeit ist diesem Fragehorizont der Nominalphrase gewidmet. Gegenstand der Untersuchung sind speziell Konstruktionen der folgenden Art:

(1-1) Journalisten wurden nicht in den Saal gelassen, und *Fotos* gab es *keine*. (ARD Tagesschau vom 4.12.91)

(1-2) *Friedensappelle* gibt's *viele*, doch der heute war mehr. (ZDF, Kennzeichen D, am 20.8.81, 21.25 Uhr)

In (1-1) und (1-2) steht das Kern-Nomen, *Fotos* bzw. *Friedensappelle*, jeweils in Erstposition, während das der NP zugehörige Element (der indefinite Nominalnegator *kein* bzw. das Indefinitpronomen *viele*) in der linearen Abfolge später erscheint. Solche Konstruktionen werden - in neuerer Zeit - zuerst in VATER 1980, basierend auf LINK 1974, unter dem Begriff "Quantorenfloating" behandelt. KNIFFKA 1982 und 1986 beschreibt sie als

1 Die Ergebnisse dieses Kolloquiums sind zusammengefaßt in VUILLAUME et al. (eds) 1993. Studien zur Syntax der Nominalgruppe. Tübingen (Narr).

"Distanzstellung" von Quantoren und Qualifikatoren. FANSELOW 1988 und andere sprechen von "NP-Aufspaltung" bzw. "split topicalization".

Die in VATER 1980 und KNIFFKA 1986 ebenfalls behandelte Konstruktion mit *all-* und *beid-* in Distanzstellung wird in dieser Arbeit nicht behandelt. Die Gründe sind kurz zusammengefaßt:

Konstruktionen wie (1-1) und (1-2) zeigen ein anderes syntaktisches Verhalten als Konstruktionen mit *all-/beid-* in Distanzstellung:
Kein, Indefinitpronomen und Adjektive sind in Distanzstellung nur bei indefiniter Bezugs-NP möglich, während *all-/beid-* zu einer definiten Bezugs-NP in Distanzstellung stehen (vgl. KNIFFKA 1986, 64ff.).

(1-3a) *Die Kinder* kennen wir *alle*.
(1-3b) **Kinder* kennen wir *alle*.

(1-4a) *Kinder* passen *vier/keine* auf den Rücksitz.
(1-4b) **Die Kinder* passen *vier* auf den Rücksitz.

All-/beid- in Distanzstellung kommen in allen Satztypen vor, d.h. in Sätzen mit Verberst-, Verbzweit- und Verbendstellung, während Konstruktionen wie (1-1), (1-2) und (1-4a) offenbar auf Sätze mit einem Vorfeld bzw. auf Sätze mit Verbzweitstellung beschränkt sind (s. Kapitel 3).

(1-5a) *Die Blumen* hat er gestern *alle* gegossen.
(1-5b) Hat er *die Blumen* gestern *alle* gegossen?
(1-5c) ... weil er *die Blumen* gestern *alle* gegossen hat.

(1-6a) *Blumen* hat er gestern *keine* gegossen.
(1-6b) *Hat er *Blumen* gestern *keine* gegossen?
(1-6c) *... weil er *Blumen* gestern *keine* gegossen hat.

Distanzstellung zu einer indefiniten NP innerhalb des Mittelfeldes ist nicht möglich:

(1-6a') *Er hat *Blumen* gestern *keine* gegossen.

Für die Distanzkonstruktionen von *all-* trifft dies nicht zu. Aus der Tatsache, daß sie in allen o.g. Satztypen vorkommen können, läßt sich schließen, daß

Distanzstellung zu einer definiten Bezugs-NP innerhalb des Mittelfeldes möglich ist:

(1-5a') Er hat *die Blumen* gestern *alle* gegossen.
(1-5a") Gegossen hat er *die Blumen* gestern *alle*.

Ein weiterer Unterschied besteht darin, daß die Positionen, die die Distanzelemente in der linearen Abfolge einnehmen können, offensichtlich unterschiedlichen Beschränkungen unterliegen:

(1-5a) *Die Blumen* hat er gestern *alle* gegossen.
(1-5a"') *Die Blumen* hat er *alle* gestern gegossen.

(1-6a) *Blumen* hat er gestern *keine* gegossen.
(1-6a"') **Blumen* hat er *keine* gestern gegossen.

Vor diesem Hintergrund von durch sprachliche Daten gegebenen Strukturen scheint es gerechtfertigt und sinnvoll, die beiden oberflächlich gesehen recht ähnlichen Konstruktionen getrennt zu behandeln und die vorliegende Arbeit auf die Analyse der Distanzstellung zu indefiniten NPs zu beschränken.

1.2 Datengrundlage

Bei den dieser Untersuchung zugrunde liegenden sprachlichen Daten handelt es sich ausschließlich um autoptisch beobachtete authentische Daten, d.h. um ein Korpus mündlicher und schriftlicher Texte, die von muttersprachlichen Sprechern des Deutschen produziert wurden.
Nach der Form, in der sie vorliegen, sind drei Arten von Daten zu unterscheiden:

1. Mündliche Daten, die als Tonbandprotokoll vorliegen; es handelt sich hierbei um Mitschnitte aus Radio- oder Fernsehsendungen. Sie sind vor allem für die exakte Beschreibung von Intonationsmustern relevant und werden einer kurzen phonetischen Analyse unterzogen.

2. Mündliche Daten, die als "Hörbelege" unmittelbar nach ihrem Vorkommen schriftlich fixiert wurden. Hier handelt es sich um schriftlich festgehaltene mündliche Äußerungen, die hinsichtlich ihrer Authentizität als eingeschränkt angesehen werden müssen. Bei der Notierung dieser "Hörbelege" habe ich mich bemüht, den Wortlaut der Äußerung möglichst exakt zu erfassen und zugleich den näheren und weiteren sprachlichen Kontext, den situativen Kontext und, soweit möglich, auch grob die Sprechweise festzuhalten. Pausen, Versprecher, "false starts" u.a. sind bei der Erfassung nicht berücksichtigt. Sie sind für das zentrale Anliegen dieser Untersuchung nicht von Belang.

3. Schriftliche Daten, d.h. Textteile aus Zeitungen, Zeitschriften, Büchern usw., in denen die Distanzkonstruktion vorkommt. Auch hier wurde stets der sprachliche Kontext erfaßt, im Umfang im einzelnen variabel: Für bestimmte Gesichtspunkte der Untersuchung (vgl. Kap. 4) war es notwendig, ein ganzes Buch (Mitgutsch, Die Züchtigung) oder die gesamte Ausgabe einer Zeitschrift zu analysieren; in anderen Fällen reichten ein oder mehrere Textabschnitte aus.

Im Rahmen der syntaktischen Beschreibung (vgl. Kap. 3) war es gelegentlich notwendig, Beispiele von NP-Aufspaltungskonstruktionen zu konstruieren, um Paradigmen aufzuzeigen oder um Kontraste herauszuarbeiten.

1.3 Ziele der Untersuchung

Die neueren Arbeiten zur NP-Aufspaltung befassen sich vorwiegend oder ausschließlich mit der syntaktischen Beschreibung der Konstruktion. Die Autoren beschränken sich dabei auf die Analyse von Einzelsätzen, über deren Authentizität zumeist nichts gesagt wird. Die formalen Gesichtspunkte der NP-Aufspaltung, die bereits von den oben erwähnten Autoren erarbeitet worden sind, werden in dieser Arbeit zusammengefaßt und durch weitere ergänzt.

Ein bislang völlig vernachlässigter Aspekt scheint das tatsächliche Vorkommen der NP-Aufspaltung im alltäglichen deutschen Sprachgebrauch zu sein.

Ein zentrales Anliegen der vorliegenden Untersuchung ist daher, zu beschreiben, wie, wann und wozu die Konstruktion von Sprechern/Schreibern des Deutschen verwendet wird. Insbesondere sind die folgenden Fragen zu klären:

1. In welchen Textsorten kommt die Konstruktion insgesamt vor?
2. Welche Funktion(en) hat sie an der Stelle des Diskursverlaufs, an der sie auftaucht?
3. Wie ist sie motiviert?

Erstes Anliegen dieser Arbeit ist, kurz zusammengefaßt, die syntaktische Seite der NP-Aufspaltung unter Berücksichtigung alter und neuerer Literatur zu beleuchten. Gleichzeitig soll die Inadäquatheit einer allein syntaktischen Perspektive materialorientiert argumentiert und die Notwendigkeit der Berücksichtigung semantischer, textueller und diskursanalytischer Perspektiven und Erklärungsparameter exemplarisch aufgezeigt werden.

1.4 Übersicht über die Kapitel

Im folgenden wird zunächst einige ausgewählte Literatur zur NP-Aufspaltung diskutiert. Ausführlicher sind drei ältere Untersuchungen aus dem 19. Jahrhundert behandelt (Kap. 2.1): GRIMM/GRIMM DWB 1873, SANDERS 1895 und H. PAUL 1896/1919. NP-Aufspaltungen werden von den Autoren als "Stellungseigenschaften" von *kein* dokumentiert.
In Kap. 2.2 werden zwei Ansätze neueren Datums, VAN RIEMSDIJK 1987 und FANSELOW 1988, exemplarisch diskutiert. Im Mittelpunkt steht dabei die Kritik der Datengrundlage und -analyse und der daraus resultierenden theoretischen Konsequenzen.
Kapitel 3 - 5 sind der Analyse der Daten des Korpus selbst gewidmet. Zunächst werden (Kap. 3) im Rahmen des "Stellungsfelder-Modells" einige topologische Regularitäten der NP-Aufspaltung beschrieben. Dabei soll festgestellt werden, welche Positionen die beiden Teilketten der aufgespaltenen NP einnehmen können.

Anschließend wird, unter Einbeziehung der DP-Analyse, untersucht, an welchen Stellen die DP/NP auf- bzw. abgespalten werden kann und welchen Beschränkungen dies unterliegt.

Kapitel 4 analysiert NP-Aufspaltung im Hinblick auf ihr Vorkommen in verschiedenen Textgenres und die mit ihr kookkurrierenden sprachlichen Merkmale.

Kapitel 5 untersucht exemplarisch einige spezielle textuelle Vorkommensweisen und Funktionen der NP-Aufspaltung.

Kapitel 6 faßt die Ergebnisse summarisch zusammen.

2. NP-Aufspaltung in früheren Arbeiten

2.1 Traditionelle Untersuchungen

Die Spaltung syntaktisch zusammengehöriger Satzteile - in den entsprechenden historischen Grammatiken auch als "Sperrung" oder "Fernstellung" bezeichnet - läßt sich sprachgeschichtlich bis ins Indogermanische zurückverfolgen; lateinische Grammatiken ordnen Konstruktionen dieser Art der Stellungsfigur des "Hyperbaton" zu (vgl. LEUMANN/HOFFMANN/SZANTYR 1973[2], 689ff).

Im 19. Jahrhundert untersuchen Jakob und Wilhelm GRIMM und Daniel SANDERS die NP-Aufspaltung, und zwar in der Konstruktion mit *kein*. Hermann PAUL widmet ihr 1896 und 1919 einige ausführlichere Abschnitte. Die Ausführungen der genannten Autoren sind nicht sehr umfangreich. Die vorliegende Arbeit hat deshalb auch nicht eine kritische Auseinandersetzung mit den dort insgesamt gefundenen Ergebnissen zum Gegenstand, sondern zunächst die Dokumentation von Literatur, die, soweit ich sehe, in diesem Zusammenhang noch nicht rezipiert worden ist.

2.1.1 Jakob und Wilhelm GRIMM

Schriftliche Zeugnisse aus dem 18. und 19. Jahrhundert sind reich an Belegbeispielen. Goethe verwendet NP-Aufspaltung vielfach, ebenso z.B. Herder, Lessing, Schiller und Schleiermacher, wie die folgenden Beispiele zeigen:

(2-1) Ich habe allerlei Bekanntschaft gemacht, *Gesellschaft* habe ich noch *keine* gefunden. (GOETHE 1774, Werther S.11)

(2-2) Ich will nämlich dieses sagen: *Maler* gibt es doch *einige bessere, andere schlechtere*? (PLATON, Kratylos; übers. v. SCHLEIERMACHER 1802, S. 70)

Eine Reihe weiterer Beispiele nennen Jakob und Wilhelm GRIMM im Abschnitt über *kein* in Band 5 des Deutschen Wörterbuches (GRIMM/GRIMM 1873, Band 5, 488ff). Bemerkenswert ist dabei die Tatsache, daß NP-Aufspaltung ausschließlich im Deutschen Wörterbuch als Stellungsvariante von *kein* beschrieben wird, dagegen als Wortstellungsvariante des Deutschen in Jakob GRIMMs Grammatik (1893) keine Erwähnung findet.

Im erwähnten Abschnitt des Deutschen Wörterbuchs wird zunächst die syntaktische Struktur der Stellungsvariante beschrieben:

> Bemerkenswert ist eine besondere stellung, die dem kein angewiesen wird, wenn es zugleich mit dem zu verneinenden dinge recht kräftig hervorgehoben werden soll, man stellt es dann möglichst an den schlusz des satzes, sein nomen an die spitze.
>
> (GRIMM/GRIMM 1873, Sp. 489)

Als topologische Positionen für die gespaltenen Teile der Nominalphrase werden "spitze" und "schlusz" angegeben. Mit ersterer ist die buchstäblich erste Position im Satz bezeichnet, in neuerer Terminologie also das Vorfeld, während letztere unpräzise bleibt: Nach den GRIMMschen Beispielen zu urteilen, kann damit sowohl die tatsächlich letzte Stelle in einem (kurzen) Satz gemeint sein, wie auch die Position unmittelbar vor den nicht-finiten Verbteilen in einem Verbzweit-Satz. Wichtig erscheint in diesem Zusammenhang, daß die kommunikative Funktion der NP-Aufspaltung "Hervorhebung" genannt wird, wobei beide Teile der NP, sowohl das (Kern-)Nomen als auch das Distanzelement *kein*, eine besondere Betonung erhalten.

Diesen Überlegungen liegt die damals bereits allgemein akzeptierte Auffassung zugrunde, daß die "spitze" und der "schlusz" des Satzes besonders geeignete topologische Positionen zur Hervorhebung von Satzteilen sind. Als Beispiel sei BAUER 1833 angeführt:

> ... es steht dem Sprechenden und Schreibenden frei, wenn er einen Begriff und dessen sprachlichen Ausdruck herausheben, und die Aufmerksamkeit des Zuhörers oder Lesers ganz vorzüglich auf denselben hinlenken will, ihn aus seiner Ordnung, aus der ihm in der natürlichen Wortfolge gebührenden Stelle heraus zu nehmen, und ihm eine andere Stellung anzuweisen, und zwar besonders entweder ganz hinten am Ende des Satzes ... oder ... ganz vorn am Anfange des Satzes in der Stelle, die eigentlich dem Subject desselben gebührt.
>
> (BAUER 1833, 27)

GRIMM/GRIMM 1873 skizzieren einige syntaktische Eigenschaften der NP-Aufspaltung bei *kein*. Demnach hat der Numerus der Kern-NP Einfluß auf die Aufspaltbarkeit von NPs mit *kein*. Am geläufigsten ist sie bei Plural-NPs:

(2-3) *Lohnkutscher* gibt es hier *keine*. (GRIMM/GRIMM 1873, Sp. 488)

(2-4) *Resultate* aus den Beobachtungen der Witterung sind *keine* gezogen. (ebend.)

Die Distanzstellung von *kein* bei singularischen NPs wird offenbar als weniger geläufig empfunden und als in Süddeutschland verbreitete Form bezeichnet.

(2-5) *Geld* hab er *keines*. (HEBEL 3, 23, nach GRIMM/GRIMM 1873, Sp. 490)

(2-6) *Carriere* sollte er also *keine* machen. (GOTTHELF 10, 59, nach GRIMM/GRIMM 1873, Sp. 490)

Auf den Kasus der aufgespaltenen Nominalphrasen gehen GRIMM/GRIMM 1873 nicht ein, allerdings sind in den bei ihnen angeführten Beispielen vor allem Akkusativ- und einige Nominativ-NPs aufgespalten.

In einem weiteren Abschnitt werden *kein* und *nicht* miteinander in Beziehung gesetzt. In den Sätzen (2-3) - (2-6) nimmt *kein* laut GRIMM/GRIMM 1873 eine Position ein, die alternativ von dem Negationselement *nicht* besetzt werden kann, vgl. etwa:

(2-3') *Lohnkutscher* gibt es hier *nicht*.
(2-4') *Resultate* aus den Beobachtungen der Witterung sind *nicht* gezogen.
(2-5') *Geld* hab er *nicht*.
(2-6') *Carriere* sollte er also *nicht* machen.

Eine Analyse der Beziehung zwischen *kein* und *nicht*, wie sie sich z.B. bei SANDERS 1895 (s.u.) findet, wird hier allerdings nicht vorgenommen.

Bemerkenswert ist, daß GRIMM/GRIMM 1873 in diesem Zusammenhang auch auf die Aufspaltbarkeit von Nominalphrasen hinweisen, die ein Adjektiv, ein Indefinitpronomen oder ein Zahlwort enthalten. Dazu werden die folgenden Sätze angeführt:

(2-7) *Lohnkutscher* gibt es hier *an die hundert/viele/genug*.
(GRIMM/GRIMM 1873, 489)

(2-8) *Lohnkutscher* gibt es hier recht *gute*. (ebend.)

In weiteren Abschnitten wird die NP-Aufspaltungs-Konstruktion ganz kurz sprachhistorisch beschrieben. Nach den Autoren läßt sich diese Stellungsvariante von *kein* bis ins Mittelhochdeutsche zurückführen:

(2-9) *küener* (kühnerer) *videlære* wart noch nie *dehein*.
(GRIMM/GRIMM 1873, Sp. 490)

In diesem Beispiel bildet *küener videlære* ("kühnerer Fiedler") die Bezugs-NP, *dehein* ("kein") das Distanzelement. In vielen älteren Beispielen (ab dem 18. Jahrhundert) steht darüber hinaus die pluralische Bezugs-NP im Genitiv, wie in

(2-10) *Solcher väter* gibt es *keine* mehr.
(GRIMM/GRIMM 1873, Sp. 490)

Es handelt sich dabei um einen Genitivus partitivus/quantitatis wie er im Althochdeutschen, Mittelhochdeutschen bis ins Neuhochdeutsche bei Maßangaben, Numeralia, Pronomina, substantivierten Adjektiven und Nomina verwendet wird. In diesen Fällen steht die Bezugs-NP zumeist im Plural.
Aber auch eine singularische Bezugs-NP kann im Genitiv stehen, wenn das Kern-Nomen ein "*theilbarer begriff ist*" (GRIMM/GRIMM 1873, Sp. 490), wobei mit *theilbarer begriff* offenbar Singularia tantum, also nicht-zählbare Nomen, nur in Singularform vorkommende Nomen, gemeint sind:

(2-11) *trôstes* hab ich *keinen*.

Zum Schluß ihrer Ausführungen über *kein* führen GRIMM/ GRIMM 1873 eine Konstruktionsvariante auf, die in RIEMSDIJK 1987 als 'Determiner Overlap' bezeichnet wird. Jakob und Wilhelm GRIMM sehen darin eine regionale Variante ("vorarlbergisch"):

> ganz merkwürdig aber wird landschaftlich dabei auch der unbestimmte artikel zum subst. gesetzt, der doch in kein schon enthalten ist: ein kühle vermöge man keins mehr zu kaufen. FELDER Nümmamüllers 10 (...) einen doktor hatte man damals im ganzen revier noch keinen. 80; (...) aber wie dort vorarlbergisch von heute bei FELDER, gerade schon bei CHAUCER:
> a fairer saugh I never noon than sche
> (*ein schöner weib sah ich nie keins denn sie*) Canterbury tales 8909.
> (GRIMM/GRIMM 1873, Sp. 490)

2.1.2 Daniel SANDERS

Daniel SANDERS geht in Satzbau und Wortfolge in der deutschen Sprache (1895) und bereits 1860 im Wörterbuch der deutschen Sprache kurz auf die Distanzstellung von *kein* ein.

> Während in der Regel k(ein) vor dem zugehörigen Hw. steht, kann dies auch, wenn es Subj. oder Obj. ist, nachdrücklicher an die Spitze des Satzes treten und k. folgt nach.
>
> (SANDERS 1860, 892).

> In der Regel steht "kein" attributivisch vor dem zugehörigen Hauptwort. Doch kann das Substantiv, wenn es Subjekt oder Objekt ist, auch nachdrücklicher an die Spitze des Satzes treten und „kein" folgt dann, wie das entsprechende Adverb „nicht", nach dem Verbum (wie im Englischen *none*) (...)
> Nachahmer fand er jedoch keinen (vgl. nicht) und wenig Gesellen. Goethe Bd. 21 S. 46 (...) statt des gewöhnlichen: Er fand jedoch keinen Nachahmer etc.
>
> (SANDERS 1895, 219)

Anders als bei GRIMM/GRIMM 1873, wo auf die syntaktische Funktion der aufgespaltenen NP überhaupt nicht eingegangen wird, ist es bei SANDERS gerade die syntaktische Funktion der NP, die die Aufspaltbarkeit bestimmt: NP-Aufspaltung ist dann möglich, wenn die entsprechende Nominalphrase Subjekt oder Objekt ist.

Sätze mit aufgespaltenen Nominalphrasen scheint SANDERS allerdings nicht uneingeschränkt als korrekt zu akzeptieren, wie aus seiner Analyse des unter (2-12) wiedergegebenen Beispiels zu entnehmen ist.

(2-12) *Stolze Prachtgräber* mit anspruchsvollen Monumenten in Erz und Marmor sind auf dem weimarischen Friedhof *keine* vorhanden.

(SANDERS 1895, 220)

Nach SANDERS gibt es mehrere Alternativen, diesen Satz zu "korrigieren": (a) Entweder müßte die (pluralische) Bezugs-NP *stolze Prachtgräber* - bei unveränderter Stellung der übrigen Elemente - im Genitiv stehen:

(2-12') Stolz*er* Prachtgräber ... sind keine vorhanden.

Dies entspräche dem schon bei GRIMM/GRIMM 1873 angesprochenen Genitiv mit partitiver Bedeutung.

(b) Eine andere Alternative ist eine Konstruktion mit *"vorbedeutendem es"* und *kein* in Kontaktstellung mit dem Bezugsnomen:

(2-12") Es sind keine stolzen Prachtgräber ... vorhanden.

In dieser Variante erhält *kein*, laut SANDERS, eine ähnliche starke Betonung wie in der Aufspaltungskonstruktion, die Rest-NP *stolze Prachtgräber* wird intonatorisch demgegenüber allerdings nicht herausgehoben.

(c) SANDERS nimmt, ähnlich wie GRIMM/GRIMM 1873, an, daß bei aufgespaltenen Nominalphrasen Distanz-*kein* die gleiche Position im Satz einnimmt wie *nicht*. Er weist daher auch auf die Möglichkeit hin, *kein* durch *nicht* zu ersetzen, um (2-12) in einen akzeptablen Satz umzuwandeln:

(2-12"') Stolze Prachtgräber ... sind nicht vorhanden.

SANDERS schränkt die Vorkommensmöglichkeiten dieser Variante allerdings ein: *Kein* in Distanzstellung ist nicht ohne weiteres durch *nicht* zu ersetzen, wie aus folgendem Beipiel deutlich wird.

(2-13) *Strauß* kriegst du *keinen*. (SANDERS 1895, 220)

Hier ist die Bezugs-NP singularisch, und die Ersetzung von *kein* durch *nicht* ergibt einen ungrammatischen Satz:

(2-13') *Strauß kriegst du nicht.

Wird *kein* durch *nicht* ersetzt, so zieht dies eine weitere Regel nach sich: die Insertion des unbestimmten Artikels.

> (...) wo, wenn statt „keinen" - „nicht" gesetzt wird, zu dem Substantiv der unbestimmte Artikel hinzuzufügen ist: Einen Strauß kriegst du nicht (...)
> (SANDERS 1895, 220)

Ein Satz wie (2-14), der nach neuerer Terminologie einen "Determiner Overlap" enthält, ist für SANDERS - im Gegensatz zu GRIMM/GRIMM 1873 - nicht akzeptabel.

(2-14) *Eine Beschäftigung* hat er *keine*.

Dies hat mit der von ihm aufgestellten Insertionsregel zu tun: Umgekehrt gilt, daß *kein* durch *nicht* ersetzt werden muß, wenn das Nomen einen unbestimmten Artikel erhält. 'Determiner Overlap' ist nach SANDERS also unzulässig, "da in 'keine' schon das 'eine' steckt" (SANDERS 1895, 220). Mit anderen Worten: Eine indefinite singularische NP am Satzanfang erzwingt eine Negation mit *nicht*.

Ein weiterer Aspekt der NP-Aufspaltung, der im Laufe dieser Untersuchung noch näher betrachtet werden wird, findet in SANDERS 1895 kurze Erwähnung. Er weist die Konstruktion der gesprochenen Sprache zu:

> (...) in der Schriftsprache (...) fremdartig (...) mundartlich
>
> (SANDERS 1895, 219)

"Mundartlich" scheint aufgrund der Beispiele (vgl. (2-12), (2-13)) im Sinne von "sprech-/umgangssprachlich" gemeint zu sein und nicht im Sinne von "dialektal".

2.1.3 Hermann PAUL

Hermann PAUL 1919 (Deutsche Grammatik III) behandelt in den Abschnitten über das prädikative Attribut und den Genitiv auch solche Daten, die in dieser Arbeit als NP-Aufspaltung bezeichnet werden. In PAUL 1919 werden die sprachlichen Daten also in einem völlig anderen Kontext analysiert als in GRIMM/GRIMM 1873 und SANDERS 1895, wo sie als Stellungsvariante von *kein* angesehen werden.

Prädikative Attribute zeichnen sich laut PAUL 1919 durch folgende Merkmale aus[2]:
Sie stehen getrennt von dem Wort, auf das sie sich beziehen und sind unflektiert (PAUL 1919, 49).

2 Hermann PAULs Untersuchungsergebnisse werden hier lediglich kurz referiert. Inwieweit seine Beobachtungen mit tatsächlich beobachtbaren sprachlichen Gegebenheiten übereinstimmen, wird nicht weiter diskutiert. So ließe sich beispielsweise seine Beobachtung, prädikative Attribute seien unflektiert, anhand seiner eigenen Beispiele (PAUL 1919, 308/309) und weiterer genannter Daten zur NP-Aufspaltung widerlegen.

(2-15) Ich kam *müde* an.

Die Funktion eines prädikativen Attributes kann von unterschiedlichen Wortarten wahrgenommen werden: Neben Adjektiven ((2-15)) können auch Nomina ((2-16)), substantivische Pronomina und Pronomina als prädikative Attribute (vgl. PAUL 1919, 52ff.) fungieren.

(2-16) So rasch und sicher *Bote* lief
Nur Rechenbergers Knecht. (ebend. 52)
(2-17) Die Österreicher waren *6000 Mann*
über den Main gegangen. (ebend. 55)

In ähnlicher Weise können Indefinitpronomen wie *mehrere* oder *manche* gebraucht werden, jedoch stehen Indefinitpronomen und Bezugsnomen in partitivem Verhältnis zueinander:

> Zuweilen steht ein Pron. als prädikatives Attr. in einem partitiven Verhältnis zu dem Wort, auf das es sich bezieht (...) die Stadtweibsbilder schauen freylich manche jünger aus als ich (...) Zeugnisse seiner Thätigkeit liegen mehrere bey Goe.Br.28.
>
> (PAUL 1919, 57)

Analog werden *kein* und *nichts* als prädikative Attribute verwendet. PAUL 1919 führt dazu u.a. die folgenden Beispiele an:

(2-18) *Horen* können aber der Post noch *keine* anvertraut werden.
(2-19) *Aufsehen* darf es *keins* geben.
(2-20) *Neues* ist für mich *nichts* vorgefallen.
(2-21) *Poetisches* ist *nichts* entstanden.

(PAUL 1919, 58)

Alle und *beide* werden von PAUL 1919 den substantivischen Pronomina zugerechnet. Sie können ebenso als "prädikative Attribute" fungieren:

> Ursprünglich nur als prädikatives Attr. wird auch all gebraucht; dieses noch ganz deutlich, wenn es von dem Worte, auf das es sich bezieht, getrennt ist, vgl. die Gäste sind alle gekommen, das Heer ist alles bereit, was ich alles erlebt habe; auch noch hinter einem Dat. oder Gen., wo allerdings die Zwischenschiebung eines Wortes nicht gestattet ist, vgl. er gefällt ihnen (den Leuten) allen, ich gedenke ihrer aller. (...) Wie alle kann beide gebraucht werden, vgl. die Männer kamen beide zurück, doch bei Voranstellung mit Artikel sagt man die beiden Männer, doch vgl. beide diese Wesen (...)
>
> (PAUL 1919, 56)

Prädikative Attribute beziehen sich in der Regel auf einen Nominativ oder einen Akkusativ, d.h. auf das Subjekt oder ein Objekt, wie aus den Beispielen (2-15) bis (2-21) deutlich wird. Allerdings bilden sie keine Konstituente mit den entsprechenden Bezugsnomen. Da sie vom Bezugsnomen getrennt stehen, verletzen sie den PAULschen Hauptgrundsatz der Wortstellung, demzufolge "die zu einem Satzgliede gehörigen Unterglieder nicht voneinander getrennt werden dürfen" (PAUL 1919, 65). Prädikative Attribute sind also eigenständige Satzglieder:

> Bestimmungen zu einem Sub. gehören immer mit demselben zu einem Gliede. Das prädikative Attr. ist nicht zu diesen zu rechnen.
>
> (PAUL 1919, 65)

Das heißt, *keine* in

(2-18) *Horen* können aber der Post noch *keine* anvertraut werden.

ist nicht Teil der NP *Horen*, sondern beide Teile würden - in moderner Terminologie - unabhängig voneinander basisgeneriert. Dementsprechend wird die Konstruktion bei PAUL 1919 auch nicht zu Konstruktionen mit *kein* in Kontaktstellung, wie etwa

(2-18') Der Post können aber noch keine Horen anvertraut werden.

in Beziehung gesetzt. Sie wird eben nicht als Wortstellungsvariante aufgefaßt, und kann daher auch nicht als besonders markierte Stellung, die zur Hervorhebung oder Betonung von bestimmten Elementen dient, angesehen werden. Der Aspekt der Hervorhebung kommt eher implizit zum Tragen (vgl. auch u. psychologische Gliederung des Satzes).

Ebenso wie GRIMM/GRIMM 1873 und SANDERS 1895 führt PAUL 1919 Konstruktionen wie in Satz (2-18) auf einen Genitivus partitivus zurück. Seiner Auffassung nach hat im Verlauf der Sprachentwicklung zunächst eine *"Gliederungsverschiebung"* beim Genitivus partitivus stattgefunden. Das bedeutet, daß der Genitivus partitivus von einem Teilglied zu einem eigenständigen Satzglied geworden ist.

> Schon seit ahd. Zeit hat sich vielfach ein grammatisch von einem Subst. abhängiger Gen. verselbständigt, ist zu einem besonderen Satzgliede geworden, infolge wovon

> denn auch die Stellung eine freiere wird. (...) Die Gliederungsverschiebung beim Gen. partitivus hat sich ziemlich gut erhalten (...) unser waren viere, viele, wenige (...) guter gesellen in der not gehn vierundzwanzig auf ein lot.
>
> (PAUL 1919, 308/309)

Dieser partitive Genitiv hat dann oft eine Umbildung oder eine Umdeutung erfahren. Letzteres bedeutet, daß die (formal gleichlautende) Genitiv-Form nicht mehr als solche interpretiert wird, sondern als Nominativ oder Akkusativ, wie in Beispiel (2-22) unten.

> Eine Umdeutung des Verhältnisses des Gen. partitivus zu dem regierenden Worte, namentlich zu Wörtern wie viel und zu den Pronomina (...) hat stattgefunden, daß die Gen.-Formen nicht durch die Form des Nom.-Akk. ersetzt, sondern beibehalten, aber nicht mehr als Gen. sondern als Nom. oder Akk. aufgefaßt sind.
>
> (PAUL 1919, 306)

(2-22) *Freunde* (als Nom. gefaßt) in der Not gehn *vierundzwanzig* auf ein Lot.
(PAUL 1919, 309)

Folgendes Beispiel macht besonders deutlich, was PAUL mit Umdeutung meint: "Goe. sagt *Der Worte sind genug gewechselt*; würde der Artikel gestrichen, so würde man *Worte* als Nom. fassen." (PAUL 1919, 310).

Umbildung dagegen bedeutet einen "echten" Kasuswechsel:

> Daneben hat sich von den Fällen aus, in denen der Gen. nicht als solcher charakterisiert ist, eine Umbildung vollzogen, vgl. Einzelne Stücke sind die Menge ... in alle andern Sprachen übersetzt worden. Le.11, 294, 24.
> Geld hat er die Menge; hierbei ist also statt des Gen. ein Nom. oder Akk. eingetreten, wozu die Menge in prädikativem Verhältnis steht. Auch neben den substantivierten Adjektiven (...) findet sich Gliederungsverschiebung (...) der vögel giebt es hier zu Lande nicht viel (...) Das Gewöhnliche ist wieder Umdeutung und Umbildung, vgl. Getreide ist viel (wenig, genug etc.) angekommen, Geld hat er viel.
>
> (PAUL 1919, 309/ 310)

Es bleibt allerdings festzuhalten, daß bei allen Autoren die Rückführung der NP-Aufspaltungskonstruktion auf einen Genitivus partitivus im Rahmen von Beispielen erfolgt, die entweder *kein*, ein Indefinitpronomen wie z.B. *viel* oder eine Mengenangabe enthalten.

Hermann PAULs Analyse der prädikativen Attribute muß im Zusammenhang mit seiner Auffassung vom Satz gesehen werden. Seine Ausführungen lassen sich um einen - meiner Ansicht nach wichtigen - Aspekt ergänzen: Hermann PAUL geht davon aus, daß jeder Satz neben der grammatischen Gliederung eine "psychologische Gliederung" aufweist. Unter psychologischer Gliederung versteht PAUL - im weitesten Sinne - die durch Sprecherintention bestimmte Abfolge der Satzglieder.

> Ein Satz besteht (...) mindestens aus zwei Gliedern. Diese verhalten sich nicht gleich. Das eine vertritt die Vorstellung oder Vorstellungsgruppe, die zuerst in der Seele des Sprechenden vorhanden ist, das andere die daran neu angeknüpfte. Die erstere bezeichnen wir als das psychologische Subjekt, die letztere als das psychologische Prädikat. Diese brauchen nicht mit dem grammatischen Subj. oder Präd. identisch zu sein.
>
> (PAUL 1919, 12)

Ein infolge von Gliederungsverschiebung verselbständigter Genitiv in Satzanfangsposition kann in der Regel als das psychologische Subjekt des Satzes betrachtet werden (vgl. PAUL 1919, 308). Wenn andererseits das Distanzelement, in PAULs Terminologie das prädikative Attribut, die stärkste Betonung erhält, so bildet dies das psychologische Prädikat.
In (2-18) *Horen können der Post aber noch keine anvertraut werden* bildet also *Horen* das psychologische Subjekt, da es in Satzanfangsstellung steht, und *keine* könnte das psychologische Prädikat sein, sofern es "den stärksten Ton im Satz trägt" (PAUL 1919, 12).

Damit seien die historischen Betrachtungen zur NP-Aufspaltungen abgeschlossen. Es bleibt festzuhalten, daß die vier genannten Autoren, trotz der Knappheit ihrer Ausführungen einige Beobachtungen gemacht haben, die lange Zeit in Vergessenheit geraten waren und erst in neuerer Zeit - ohne Rückgriff auf die alten Analysen - "wiederentdeckt" worden sind. So findet sich die bei GRIMM/GRIMM 1873 beobachtete und als regionalsprachlich eingestufte *ein + N ... kein*-Variante bei RIEMSDIJK 1987 als „Determiner Overlap“ wieder. FANSELOWs Vorschlag (FANSELOW 1988), zwei basisgenerierte Nominalphrasen anzunehmen, ist - im weitesten Sinne - mit PAUL 1919 vergleichbar. Andere Aspekte der alten Untersuchungen sind in moderneren Arbeiten bislang unberücksichtigt geblieben, so die Rückführung der Konstruktion auf einen partitiven Genitiv, ausgenommen Fälle mit Adjektiven in der Mittelfeldposition. Dabei finden sich auch im heutigen Deutsch tatsächlich Beispiele für Konstruktionen, in denen eine Genitiv-NP im Vorfeld steht, wie (2-23):

(2-23) *Der Vorurteile* gibt es *viele*: ...

(Kölner Stadtanzeiger vom 2.2.94, S.44)

Solche Konstruktionen sind insgesamt eher selten und als "markiert" oder altertümlich zu bezeichnen. Sie scheinen mit der NP-Aufspaltung wie in (2-23') zu konkurrieren, die für viele Sprecher die "normalere" Konstruktion ist.

(2-23') *Vorurteile* gibt es *viele*: ...

Ein weiterer Aspekt, der in allen drei historischen Untersuchungen kurz angerissen wird, ist die kommunikative Funktion der Konstruktion, bei GRIMM/GRIMM 1873 "Hervorhebung", bei SANDERS 1895 "Nachdrücklichkeit", bei PAUL 1919 "psychologisches Subjekt/Prädikat mit besonderer Betonung" genannt. Dieser Aspekt bleibt in neueren Arbeiten ebenso unberücksichtigt wie der Hinweis bei GRIMM/GRIMM 1873 und SANDERS 1895, daß die Konstruktion der gesprochenen Sprache zuzuordnen ist.

2.2 Neuere Arbeiten zur NP-Aufspaltung

Seit Mitte der achtziger Jahre befassen sich Generative Linguisten mit der Spaltung von Nominalphrasen, da diese auf den ersten Blick nicht mit der allgemeinen Bewegungsregel "move α" ableitbar erscheint. Mithilfe der Regel "move α" werden maximale Projektionen (XP) in dafür vorgesehene Positionen verschoben. Die Satzanfangsposition, das ist die Spezifikator-Position von CP, ist solch ein Landeplatz für maximale Projektionen. In Sätzen wie

(2-3) *Lohnkutscher* gibt es hier *keine*.

befindet sich aber augenscheinlich eine nicht-maximale Projektion (*Lohnkutscher*) am Satzanfang, die Rest-NP (*keine*) steht an der basisgenerierten Position im Mittelfeld.

In den folgenden Abschnitten werden exemplarisch zwei unterschiedliche Ansätze der syntaktischen Analyse der NP-Aufspaltung vorgestellt. Als

Repräsentanten dieser Ansätze werden VAN RIEMSDIJK 1987 und FANSELOW 1988 gewählt. Einmal (v. RIEMSDIJK 1987) wird die Basisgenerierung einer NP im Mittelfeld angenommen; eine Teilkette derselben (d.h. eine nicht-maximale Projektion) wird dann durch wh-Bewegung in die SpecCP-Position verschoben. Dem anderen Vorschlag (FANSELOW 1988) zufolge werden zwei basisgenerierte NPs im Mittelfeld angenommen, von denen eine in einer Nicht-Argument-Position erscheint und den pro-Kopf einer co-indizierten zweiten NP in Argument-Position bindet.

2.2.1 VAN RIEMSDIJK 1987 "Movement and Regeneration"

RIEMSDIJK 1987 analysiert NP-Aufspaltung - er nennt sie "Split Topicalization" - als Bewegung aus einer Quellenposition im Mittelfeld des Satzes in eine Topik-Position im Vorfeld des Satzes, oder, in der Terminologie der X-bar-Theorie, als Bewegung von einer Quellenposition im Mittelfeld in die Spezifizierer-Position von CP. Diese Bewegung soll (a) eine "wirkliche Bewegung" sein im Sinne einer unidirektionalen Abbildung der Tiefenstruktur auf die Oberflächenstruktur und (b) nicht auf Köpfe (X°) und maximale Projektionen (X^{max}), wie in CHOMSKY 1986 gefordert, beschränkt sein.

RIEMSDIJKs Argumentation basiert im wesentlichen auf Beispielen wie

(2-24) *Einen Wagen* hat er sich noch *keinen* leisten können.

In der SpecCP-Position befindet sich eine "vollständige" NP, bestehend aus Det + N, in der Mittelfeld-Position steht *kein*, wohl aufgefaßt als *ein* + Negationselement, weshalb RIEMSDIJK von "Determiner Overlap" spricht; in Kontaktstellung, d.h. innerhalb einer NP, können die beiden Teilketten so nicht miteinander kombiniert werden.

(2-24') * Er hat sich *keinen einen Wagen* leisten können.

Diese Beispiele würden vielleicht eine Basisgenerierung der beiden (Teil) Ketten nahelegen, jedoch schlägt RIEMSDIJK eine Lösung im Sinne einer Bewegung vor. Im folgenden sind zunächst RIEMSDIJKs Merkmale der Split Topicalization und anschließend seine Argumente für eine Bewegung zusammengefaßt.

Split Topicalization zeichnet sich durch folgende Merkmale aus:

- Adjunkte und Komplemente der NP finden sich grundsätzlich sowohl in der Topik-Position (= SpecCP) wie in der Quellen-Position (im Mittelfeld).

- Die Aufspaltung geschieht auf der Ebene N'.

- Es gibt stets einen Determiner-Overlap, wobei die Determinantien in der Topik-Position auf *ein-* bzw. den Nullartikel beschränkt sind. Die Quellenposition muß mit einer indefiniten NP besetzt sein.

- In beiden Positionen befinden sich vollständige NPs[3]. Vollständig sind sie, so RIEMSDIJK, in dem Sinne, daß sie in anderen Kontexten jeweils als unabhängige NPs fungieren können. Für Topik- und Quellenposition werden die einzelnen Besetzungsmöglichkeiten aufgeführt. Demnach können in der Topikposition, je nach Dialekt, folgende Elemente stehen:

  - indefinite NPs im Plural
  - NPs im Singular mit einem Kollektivum als Kern
  - unvollständige singularische NPs mit einem zählbaren Nomen als Kern (eingeschränkt auf bestimmte Dialekte)

  In der Quellenposition können nur elliptische NPs stehen, d.h. NPs ohne Kern-Nomen. RIEMSDIJK weist in diesem Zusammenhang auf Fälle hin, in denen die Mittelfeld-Position nicht als Quelle für die Bewegung angesehen werden kann. Dazu zählen u.a. jene Fälle, in denen (nicht mit N kombinierbares) *keins/welch-* im Mittelfeld steht.

RIEMSDIJKs Hauptziel ist es, nachzuweisen, daß Split Topicalization das Resultat einer Bewegung ist. Er bringt diverse Evidenzen vor, die seiner Ansicht nach für Bewegung sprechen. Seine Beweisführung lautet wie folgt:

---

3 VAN RIEMSDIJK 1987 sagt zwar einerseits, daß die Aufspaltung auf der Ebene N' geschieht, andererseits ist der topikalisierte Teil der Konstruktion wegen des Determiner Overlaps als NP anzusehen, nicht als N'.

1. Das Vorhandensein einer Lücke: Bei Split Topicalization ist die Rest-NP im Mittelfeld obligatorisch elliptisch (vgl. (2-25) = v.R.s Beispiel (13)):

(2-25) **Bücher* hat er noch *keine Romane* geschrieben.

(2-25') *Bücher* hat er noch *keine* [GAP] geschrieben.

Diese Lücke entspricht keiner vollständigen NP, sondern der Kategorie N'. Sie ist ein A-bar-gebundenes leeres N', eine N'-Spur. Wichtig ist in diesem Zusammenhang auch, daß die Lücke nur im Mittelfeld erscheinen kann, nicht aber in der Spezifizierer-von-COMP-Position, vgl. (2-26) (= v.R.s Beispiel (42)):

(2-26) **Amerikanische* habe ich bis jetzt nur *Männer* gekannt.
(2-26') **Amerikanische* [GAP] habe ich bis jetzt nur *Männer* gekannt.
aber:
(2-26") *Männer* habe ich bis jetzt nur *amerikanische* [GAP] gekannt.

2. Die Position in Relation zur Verbzweit-Stellung: Die bewegten Elemente bei Split Topicalization stehen in der SpecCP-Position. Diese Spezifizierer-Position ist Landeplatz für bewegte Elemente, und nicht für basisgenerierte. Split Topicalization unterscheidet sich damit grundlegend von Linksversetzung, bei der die jeweiligen Elemente links von der COMP-Position anzusiedeln sind, wobei ein Pronomen die Spezifizierer-von COMP-Position einnimmt. Vgl. dazu (2-27) (= v.R.s (17)) mit (2-28), einer Split Topicalization:

(2-27) Den VW, den kann sich ja jeder leisten.
|
SpecCP

(2-28) VW kann ich mir keinen leisten.
|
SpecCP

3. Kongruenz: Split Topicalization erfordert Numerus- und Kasuskongruenz zwischen dem topikalisierten Teil und den im Mittelfeld verbleibenden Teilen der NP - von einigen marginalen Fällen abgesehen. Dies spricht für Be-

wegung. "If we assume base generation, a special agreement rule would have to be invoked" (VAN RIEMSDIJK 1987, 12).
Dazu kommt, daß die Abfolgebeschränkungen, die innerhalb einer NP gelten, eingehalten werden müssen. Die beiden Teile des Split verhalten sich also wie eine NP, nicht wie zwei NPs.

4. Extraktionsbeschränkungen: Split Topicalization unterliegt denselben Extraktionsbeschränkungen, wie sie für Bewegungen allgemein gelten ("Islands"). Das heißt: Split Topicalization z.B. aus konjunktional eingeleiteten Nebensätzen heraus ist unmöglich.

(2-28') *VW, sagte er, daß ich mir keinen leisten kann.

5. Preposition Stranding: Da Preposition Stranding im Deutschen generell nicht erlaubt ist, läßt sich auch kein N aus einer Präpositionalphrase heraus bewegen. Dies trifft für Split Topicalization selbstverständlich ebenfalls zu.

(2-29) *Gold kann ich mir keinen Ring aus leisten.

6. Empty Category Effekte: Split Topicalization zeigt Effekte des Empty Category Prinzips (ECP). ECP bedeutet, daß die leere Position, aus der heraus N' bewegt worden ist, identifizierbar und damit interpretierbar bleibt.

7. Rekonstruierbarkeit: Bei Split Topicalization ist nach RIEMSDIJK die zugrundeliegende Struktur aus der Oberflächenstruktur heraus erschließbar.

Die Argumente 1 - 7 sprechen, so VAN RIEMSDIJK 1987, eindeutig dafür, daß es sich bei Split Topicalization um eine Bewegung handelt. Sie verläuft folgendermaßen: Aus einer NP im Mittelfeld des Satzes wird N', eine nichtmaximale Projektion, in das Vorfeld bewegt. Dort wird N' wieder zu einer vollen NP regeneriert: "Regeneration will 'grow back' on an X' its maximal projection node XP ..." (RIEMSDIJK 1987,18). Das bedeutet, daß N' in der SpecCP-Position seinen NP-Knoten und seinen Determinantien-Knoten zurückerhält. Im Falle des "Determiner Overlap" wird der Det-Knoten zusätzlich lexikalisch aufgefüllt, mit *ein-*[4] - weitere Determinantien sind hier offen-

4 „Relexicalization is subject to a strict recoverability requirement: only words that are fully determined by the features of the head of the moved phrase may be relexicalized". (S.18) „... the simple indefinite article is the unmarked form of the

bar nicht möglich; in allen anderen Fällen wird er mit Ø, dem Nullartikel, versehen.

Gegen VAN RIEMSDIJKs Analyse der NP-Aufspaltung lassen sich einige Einwände vorbringen. Der erste bezieht sich auf die Datengrundlage. VAN RIEMSDIJK 1987 basiert auf einer Variante von NP-Aufspaltung, bei der sich jeweils *ein-* + N im Vorfeld und *kein-* im Mittelfeld befinden. Diese Variante nennt er "Determiner Overlap", vgl. (2-24):

(2-24) *Einen Wagen* hat er sich noch *keinen* leisten können.

Derartige Konstruktionen kommen tatsächlich vor. GRIMM/GRIMM 1873 (vgl. o.) führen sie als regionale Variante ("vorarlbergisch") an. Ich selbst habe sie gelegentlich in Schwaben, in Bayern und Österreich (Bregenzer Wald) und auch im Rheinland gehört. Nach meiner Einschätzung sind diese Formen aber eher auf dialektal gefärbte Umgangssprache beschränkt. In schriftlichen Texten ist mir bislang kein Beleg für diese Variante untergekommen.

Da sich in meinem Korpus kein einziger Beleg für "Determiner Overlap" findet, habe ich acht Varianten des Beispiels (2-24) 21[5] Sprechern aus unterschiedlichen Regionen Deutschlands zur Beurteilung vorgelegt, vgl. Abb. 2.1:

nominal determiner ..." (VAN RIEMSDIJK 1987, 19)

5 Es handelt sich im einzelnen um: 8 Sprecher aus dem Rheinland (Köln und Umgebung), 5 Sprecher aus Norddeutschland , 4 Sprecher aus dem Schwäbischen, je 1 Sprecher aus der Eifel, aus Franken, Nordhessen und Sachsen.

Welche der folgenden Äußerungen finden Sie akzeptabel? Bitte kreuzen Sie an!

1
o Einen Wagen kann er sich noch keinen neuen leisten.
o 'Nen Wagen kann er sich noch keinen neuen leisten.
2
o Einen Wagen kann er sich keinen leisten.
o 'Nen Wagen kann er sich keinen leisten.
3
o Einen Wagen kann er sich einen neuen leisten.
o 'Nen Wagen kann er sich einen neuen leisten.
4
o Wagen kann er sich keinen leisten.
o Wagen kann er sich keinen neuen leisten.

Abb. 2.1

Die Sätze unter 1-3 enthalten alle "Determiner Overlap", und zwar jeweils mit dem unbestimmten Artikel zuerst in der vollständigen (*einen*), dann in der reduzierten (*'nen*) Form. Die Sätze unter 1 enthalten *kein* + Adj. im Mittelfeld. Unter 2 befindet sich jeweils nur *kein* im Mittelfeld, während die Varianten unter 3 *ein* + Adj. enthalten. Die beiden Sätze unter 4 enthalten keinen "Determiner Overlap", sondern eine NP-Aufspaltung mit einem singularischen zählbaren Nomen in Erstposition. Die Auswertung dieser Befragung[6] ergab folgendes:

Die insgesamt höchste Akzeptanz erhielt der Satz *Wagen kann er sich keinen leisten* mit 11 positiven Antworten. Hierbei ist allerdings zu vermerken, daß alle acht rheinländischen Sprecher den Satz völlig akzeptabel fanden, aber keiner der norddeutschen Sprecher. An zweiter Stelle folgt *'Nen Wagen kann er sich keinen leisten* mit 9 positiven Antworten, von denen sechs rheinländischen Sprechern, zwei schwäbischen und eine dem nordhessischen Sprecher zuzuordnen sind.
Auf Position drei steht *'Nen Wagen kann er sich noch keinen neuen leisten* mit acht positiven Wertungen (3x Rheinländer, 2x Schwaben, je 1x Eifel, Norddeutschland, Nordhessen). Die geringste Akzeptanz erreichten die Sätze unter 3 mit nur jeweils einer positiven Bewertung. Insgesamt werden die "Determiner Overlap"-Fälle weniger akzeptiert als die beiden Sätze unter 4 ohne "Determiner Overlap", vor allem von Sprechern aus dem Rheinland.

6 Dieser Test erhebt keinerlei Anspruch auf Repräsentativität.

Innerhalb der Sätze mit "Determiner Overlap" fanden die Sprecher die Varianten mit reduziertem unbestimmten Artikel in Erstposition und *kein* im Mittelfeld akzeptabler als die mit vollständigem unbestimmtem Artikel[7]. Die geringe Akzeptanz der Sätze unter 3 ist vielleicht auf *ein-* im Mittelfeld zurückzuführen. *Kein-* im Mittelfeld ist offenbar für viele Sprecher des Deutschen beim "Determiner Overlap" obligatorisch.

Insgesamt sind diese "Determiner Overlap"-Fälle i. S. v. RIEMSDIJK sehr zweifelhaft, so daß man sie höchstens als Nebenvariante/Randerscheinung bezeichnen kann. Auf dieser Nebenvariante basiert VAN RIEMSDIJKs 1987 Vorschlag der Regeneration: Regeneration bedeutet, daß das bewegte N' sowohl seinen NP-Knoten als auch den Determinantien-Knoten zurückerhält. Letzterer wird relexikalisiert, indem der unbestimmte Artikel eingefügt wird.[8] Die oben summarisch erwähnten Testergebnisse von muttersprachlichen Sprechern des Deutschen legen die Vermutung nahe, daß dieser Vorschlag der sprachlichen Realität des Deutschen nicht gerecht wird und abzulehnen ist.

Für Konstruktionen mit singularischem zählbarem Nomen, aber ohne *ein-* im Vorfeld, wie (2-30) aus meinem Datenkorpus

(2-30) *Kompressor* hatte er *keinen*, soviel ist klar.
(PLENZDORF, Die neuen Leiden des jungen W.)

wird ebenfalls Regeneration angenommen, denn sie liegt laut RIEMSDIJK 1987 immer dann vor, wenn eine N'-Bewegung grammatisch ist. In diesen Fällen, wie auch bei Konstruktionen mit pluralischem Nomen oder einem Kollektivum im Vorfeld, wird der Determinans-Knoten mit einem Null-Artikel versehen. Abgesehen davon, daß die Annahme eines Nullartikels in den letzten Jahren zunehmend abgelehnt wird[9], scheint sie mir in diesem Zusammenhang allein aus "Systemzwang" bzw. als eine petitio principii zu erfolgen: Weil es in einigen Fällen ein *ein-* im Vorfeld gibt, kann in den Fällen, in denen auf der Oberflächenstruktur nichts erscheint, in einer tieferliegenden

7 Vgl. Dazu auch TAPPE 1989, 165.

8 Diese Relexikalisierung unterliegt strikten Wiederherstellbarkeitsbedingungen: "Only words that are fully determined by the features of the head of the moved phrase may be relexicalized." (VAN RIEMSDIJK 1987,18)

9 Vgl. dazu die überzeugende Argumentation in PÉRENNEC 1993.

Struktur nicht nichts stehen. Unklar bleibt dabei, nach welchen Prinzipien relexikalisiert wird: Warum wird in (2-24) relexikalisiert, nicht aber in (2-30)? Warum wird in (2-24) mit *ein-* relexikalisiert und in (2-30) ein "Nullartikel" angenommen? In beiden Fällen steht jeweils ein zählbares singularisches Nomen im Vorfeld[10].

Hinzu kommt ein Gesichtspunkt, der den Status von *ein-* betrifft. VAN RIEMSDIJK 1987 geht davon, daß *ein-* zu den Determinantien gehört und die unmarkierte Form des Artikels darstellt:

> the crucial assumption ... is that the simple indefinite article is the unmarked form of the nominal determiner, an assumption that strikes me as a quite natural one (...).
>
> (RIEMSDIJK 1987,19)

Diese Auffassung ist nicht unumstritten. VATER (u.a. in VATER 1981, 1982, 1984a, 1985) bringt überzeugende Argumente dafür, daß *ein-* den Quantoren zuzurechnen ist. Für VATERs Auffassung spricht insbesondere die Verbindbarkeit von *ein-* mit echten Determinantien. Wenn man VATERs Analyse folgt und *ein-* den Quantoren zurechnet, kann es nicht den Determinantien-Knoten in VAN RIEMSDIJKs Regenerations-/ Relexikalisierungsvorschlag ausfüllen - wo aber steht *ein-* dann im Vorfeld?
Von der Frage einmal abgesehen, ob *ein-* den Determinantien oder den Quantoren zuzurechnen ist, wäre überdies zu klären, was in diesem Zusammenhang "unmarked form of the nominal determiner" genau bedeuten soll.

Neben der Fragwürdigkeit der zugrundeliegenden Daten für die Analyse sind Einwände gegen die strukturelle Beschreibung der Split Topicalization vorzubringen. Split Topicalization findet nach RIEMSDIJK 1987 auf der Ebene N' statt, das heißt N' wird ins Vorfeld bewegt. Diese Annahme läßt

---

10 TAPPE 1989 vermerkt zur Relexikalisierung folgendes: "Certain data not considered by Riemsdijk raise doubts about this proposal. Some northern speakers (...) prefer to have a deictic or comparative <u>so</u> to modify the relexicalized determiner: (16) <u>so 'nen Wagen kann ich mir keinen leisten</u> It is easy to see that <u>so</u> really depends on the reduced determiner, as it does not occur without relexicatization: (17) <u>*so Wagen kann ich mir keinen leisten</u> (16) shows that more can be lexicalized in this construction than just a determiner. So we cannot have relexicaization but must assume something like *free* lexicalization, in this account probably at S-structure, which means that we cannot guarantee recoverability on the basis of feature content any more." (TAPPE 1989, 165).

sich nach Analyse des dieser Arbeit zugrundeliegenden Datenkorpus nicht aufrechterhalten, wie in Kapitel 3 gezeigt wird. Bevor entschieden werden kann, was ins Vorfeld bewegt wird, muß die interne Struktur von NPs bzw. DPs betrachtet werden.

Allerdings widerlegt schon ein Beispiel[11] von RIEMSDIJK selbst die Richtigkeit seiner Annahme: (= v. RIEMSDIJKs Beispiel (7a)):

(2-31) *Eine definitive Lösung* ist bis jetzt erst *eine* (GAP) des dritten Theorems gefunden worden.

Die "vollständige" NP lautet *eine definitive Lösung des dritten Theorems*, wobei die Genitiv-NP unter dem N'-Knoten zu N° schwester-adjungiert ist. Die Genitiv-NP gehört also zu N'; da sie im Mittelfeld verbleibt, kann nicht N' topikalisiert worden sein. Betrachtet man die unten analysierten Daten (vgl. Anhang), ist die Annahme naheliegend, daß die Aufspaltung ("Split"), um in VAN RIEMSDIJKs Modell zu bleiben, auf unterschiedlichen Hierarchieebenen vonstatten gehen kann.

VAN RIEMSDIJKs 1987 Analyse der NP-Aufspaltung beruht auf einer völlig unzureichenden Datengrundlage. Sie erfüllt keinesfalls den Anspruch der Beobachtungsadäquatheit, dem eine linguistische Analyse genügen muß.

2.2.2 FANSELOW 1988 "Aufspaltung von NPn und das Problem der freien Wortstellung"

FANSELOW 1988 lehnt eine Bewegungsanalyse, wie sie VAN RIEMSDIJK 1987 vorschlägt, aus einer Reihe von Gründen ab. Sein konzeptioneller Haupteinwand ist, daß Bewegungsregeln (im Rahmen der Government and Binding-Theorie) niemals Zwischenprojektionen involvieren, sondern stets maximale Projektionen oder Wörter ('Kopfbewegung').

Jedoch nicht nur theorie-immanente Gründe lassen sich gegen eine Bewegung von Teilketten anführen. Auch die sprachlichen Daten selbst widersprechen nach FANSELOW 1988 der Annahme einer einzigen NP im Mit-

11 Über die Grammatikalität des Beispiels läßt sich streiten.

telfeld, aus der heraus eine Teilkette mit dem Kopf-Nomen in die SpecCP-Position bewegt wird.

Zunächst gibt es laut FANSELOW 1988 eine Reihe von Aufspaltungskonstruktionen, denen keine unaufgespaltenen NPs entsprechen können. Dazu gehören Konstruktionen mit *welch-*[12], wie (2-27) (= FANSELOWs (15)):

(2-27)(a) *Fotos* denke ich nicht, daß sie *welche* mitgebracht hat.

(2-27)(b) *Ich denke nicht, daß sie welche Fotos mitgebracht hat.

(FANSELOW 1988, 99)

Auch flexionsmorphologische Gegebenheiten widersprechen der Annahme einer einzigen unaufgespaltenen NP im Mittelfeld, aus der etwas herausbewegt worden ist, vgl. (2-28) und (2-29) (= FANSELOWs Beispiele (16) und (17[13])):

(2-28)(a) Polnisch*e* Gänse gekauft hat sie keine.
(2-28)(b) Sie hat keine polnisch*en* Gänse gekauft.
(2-28)(c) * Sie hat keine polnisch*e* Gänse gekauft.
(2-28)(d) * Polnisch*en* Gänse gekauft hat sie keine.

(2-29)(a) Geld habe ich kein*es*.
(2-29)(b) Ich habe kein Geld.
(2-29)(c) * Ich habe kein*es* Geld.
(2-29)(d) * Geld habe ich kein.

(FANSELOW 1988, 99)

Nähme man eine Bewegung einer Teilkette aus einer einzigen Nominalphrase im Mittelfeld an, hätte man zunächst bei den Sätzen unter (2-28) und (2-29) jeweils die (b)-Variante - mit der unaufgespaltenen NP im Mittelfeld - als Ausgangskonstruktion für die Bewegung anzunehmen. Das aber ist nicht adäquat: Dabei wäre zu erwarten, daß die (schwache) Flexionsendung des Adjektivs *polnischen* beibehalten würde. Wie (2-28)(d) zeigt, ergibt sich dabei jedoch eine ungrammatische Konstruktion. Die korrekte Variante (2-28)(a) zeigt hingegen das Adjektiv *polnische* mit starker Flexionsendung.

12 Auch RIEMSDIJK (vgl. o.) sieht Konstruktionen mit *welch-* im Mittelfeld als problematisch an.

13 FANSELOW berücksichtigt übrigens in diesem Zusammenhang nicht, daß in (2-28), seinem Beispiel (17), nicht nur eine NP im Vorfeld steht, sondern auch ein Teil des Verbalkomplexes.

Dafür findet sich wiederum keine Quell-Position im Mittelfeld (vgl. den unkorrekten Satz (2-28)(c)). Für die Sätze unter (2-29) gilt Ähnliches. Auch hier kommt die Variante (2-29)(b) nicht als Ausgangskonstruktion für (2-29)(a) infrage, da *kein* in (b) schwach, in (a) stark flektiert wird.
Beide NP-Ketten, sowohl die im Vorfeld wie die im Mittelfeld, verfügen also über eine morphologische Form, wie sie auch eigenständige NPs aufweisen. Daraus schließt FANSELOW 1988, daß hier faktisch zwei maximale Projektionen vorliegen.

Auch syntaktisch gesehen müssen beide nominalen Ketten stets "NP-fähig" sein. Das bedeutet, daß nur solche Teilketten in der Vorfeld-Position zugelassen sind, die, unabhängig von NP-Aufspaltung, in anderen Kontexten Satzgliedfunktionen übernehmen können. Das wiederum bedeutet, daß singularische zählbare Nomen ausgeschlossen sind. Sie können immer nur in Kombination mit einem Artikel eine Satzgliedfunktion übernehmen. Dazu führt FANSELOW 1988 als Beleg (2-30) (= FANSELOWs Beispiel (18c)) an:

(2-30) **Buch* hat er *keines* gelesen.

(FANSELOW 1988, 99)

Hier steht ein singularisches zählbares Nomen im Vorfeld, das nicht "NP-fähig" ist.[14] FANSELOW versieht das Beispiel mit einem Sternchen, verweist im gleichen Zusammenhang allerdings auf ein ähnliches Beispiel bei BAYER 1987, das er als korrekt akzeptiert:

(2-31) *Hemd* trug er *keines*.

(FANSELOW 1988, 110)

FANSELOWs Grammatikalitätsurteile bedürfen der Überprüfung: (2-30) erscheint mir grundsätzlich ebenso grammatisch wie (2-31), allenfalls finden sich Nuancen-Unterschiede[15].
Grundlage für FANSELOWs weitere Analyse ist also die Annahme, daß sich sogenannte "aufgespaltene" Nominalphrasen zurückführen lassen auf Strukturen, in denen sich zwei NPs im Mittelfeld befinden:

14 Vgl. auch: * Er hat Buch gelesen.
15 Vgl. Datenkorpus im Anhang: Es gibt eine Vielzahl von Belegen mit singularischem zählbarem Nomen im Vorfeld.

> Diskontinuierliche NPn sind also nicht aufgespaltene Nominalphrasen, sondern tauchen in Strukturen auf, in denen zwei NPn vorhanden sind.
>
> (FANSELOW 1988, 100)

Das bedeutet, daß nach dieser Analyse in (2-29)(a) *Geld* und *keines* zwei Nominalphrasen bilden. Dabei hat die Nominalphrase im Mittelfeld das leere Element *pro* als nominalen Kopf. *pro* ist charakterisiert durch die Merkmale [-anaphorisch, +pronominal][16]. Die Annahme eines leeren Pronomens *pro* ist nur dann zulässig, wenn es durch Flexionskennzeichen identifiziert werden kann; im Italienischen oder Spanischen geschieht das durch die Verbmorphologie in INFL. In Sätzen wie (2-29)(a) wird *pro* über die starke Flexion von *kein-* (i.e. *keines*) identifiziert. (2-29)(a) wäre demnach folgendermaßen strukturiert:

(2-32) $[_{NP}$Geld$_i]$ habe ich $[_{NP}$keines *pro*$_i]$

pro wird von der NP *Geld* im Vorfeld A-quer-gebunden. Auf diese Weise kann die Nominalphrase eine thematische Rolle derivieren.

> Morphologie ist Voraussetzung für *pro* in NPn, und nur wenn *pro* in NP von einer weiteren Position gebunden werden kann, kann die zweite NP eine thematische Rolle derivieren. Mit anderen Worten: Nur dann können zwei NPn mit 'derselben' θ-Rolle im Satz auftreten.
>
> (FANSELOW 1988, 102)

Zur Erläuterung von FANSELOWs weiterer Analyse sei folgendes Beispiel vorgegeben:

(2-33) *Polnische Gänse* hat sie *keine* gekauft.

FANSELOW 1988 nimmt an, daß die NP *polnische Gänse* in der Basis an V^0 adjungiert wird[17], wobei polnische Gänse als nicht-referierend anzusehen ist. Für (2-18)(a) und (2-33) ergibt sich damit die folgende D-Struktur:

(2-34) $[_{IP}$sie $[_{VP}$ keine $[_V$ $[_{NP}$ polnische Gänse $[_V$ gekauft hat$]]]]]$

---

16 Vgl. CHOMSKY 1982. Dort wird *pro* als Subjekt des italienischen Satzes Parla angesehen.

17 FANSELOW 1988 stützt sich bei seiner Analyse auf STOWELL, T. 1981. Origins of phrase structure. PhD.-diss., MIT und KISS, K. 1981, "Structural relations in Hungarian: A free word order language". Linguistic Inquiry 12, 185-213.

Die an V^0 adjungierte NP unterliegt Beschränkungen: Sie darf keinen definiten Artikel enthalten und keine obliquen Kasus wie Dativ oder Genitiv tragen (FANSELOW 1988, 105). Die letztere Beschränkung verhindert, so FANSELOW 1987 und 1988, daß dativische und genitivische Nominalphrasen aufgespalten werden.

Für FANSELOW stellt sich mit der Annahme zweier Nominalphrasen die Frage, inwiefern sich die Struktur (2-34) mit dem θ-Kriterium vereinbaren läßt (vgl. FANSELOW 1988, 105). Das θ-Kriterium besagt, daß jedes Argument genau eine Theta-Rolle (i.e. eine thematische Rolle) trägt und daß es zu jeder von einem lexikalischen Element zu vergebenden Theta-Rolle genau ein Argument gibt. Das heißt, zwischen Theta-Rollen und Argumenten besteht eine 1 : 1-Relation. Das θ-Kriterium gilt ausschließlich für NPs, die Argumente darstellen, nicht aber für solche, die keine Argumente sind. Nominalphrasen, die keine Argumente sind, können keine Theta-Rollen tragen. In der Struktur (2-34) gibt es nun zwei NP-Positionen, von der nur eine ein Argument sein kann, da *kaufen* nur über eine Argument-Position verfügt. Dies ist nach FANSELOW 1988 die NP *keine*. *Polnische Gänse* stellt eine nicht-argumentfähige NP dar, die die NP *keine pro* modifiziert. Diese Modifizierung wird geleistet durch die "Bindung eines eigenschaftsinterpretierten[18] *pro*-Elements in einer Argument-NP" (FANSELOW 1988, 106). Das heißt, *polnische Gänse* bindet *pro* in *keine pro*.

Die NP *polnische Gänse* wird nun ins Vorfeld bewegt, also in eine Nicht-Argument-Position, wobei sie eine anaphorische[19] Spur t_i zurückläßt, die von

18 FANSELOW 1988 argumentiert - mit Rekurs auf MONTAGUE 1973, KISS 1981 und WILLIAMS 1981 - , daß in der an V adjungierten Position keine referentiellen NPs auftreten können, also keine, die eine Termbedeutung besitzen. Erlaubt sind in dieser Position nur NPs, die "sich prinzipiell auch als Eigenschaft deuten lassen, weil sie ihre eigene externe θ-Rolle (...) noch nicht vergeben haben" (FANSELOW 1988, 105).

19 Vgl. dazu FANSELOW 1988, 111. In Fußnote 30 erläutert er, wie die leere Kategorie zu verstehen ist. PRO kann sie nicht sein, denn PRO ist nicht regiert, während die fragliche Spur regiert ist. *pro* kommt auch nicht in Betracht, da die Spur nicht von INFL identifiziert wird. Wäre sie eine Variable, so würde das Prinzip C der Bindungstheorie verletzt, denn Variable dürfen nicht gebunden sein. Als Anapher ist die Spur korrekt gebunden. Überdies benötigen Anaphern auch keine θ-Rolle.

keine pro A-gebunden wird. Die resultierende S-Struktur[20] sieht folgendermaßen aus:

(2-35) polnische Gänse$_i$ hat sie [keine *pro*$_i$] [t$_i$ gekauft]

(FANSELOW 1988, 106)

FANSELOWs Zuweisung der θ-Rolle an die NP im Mittelfeld, in dem diskutierten Beispiel also *keine pro*, scheint der Intuition muttersprachlicher Sprecher zuwiderzulaufen. Warum soll die θ-Rolle ausgerechnet **nicht direkt** an die Nominalphrase vergeben werden, die die für die Auswahl relevanten semantischen Merkmale trägt? Dies wird deutlicher an Verb-Objekt-Kombinationen, die weit restriktiveren Selektionsbeschränkungen unterliegen als *kaufen* und *Gänse*. Die Argumentposition des Verbs *rupfen*[21] kann nur mit einem Nomen ausgefüllt werden, das Federvieh bezeichnet. Bei *Eier legen* ist überhaupt nur das lexikalische Element *Eier* zulässig. Nach FANSELOWs Analyse hätten die Beispiele (2-36) und (2-37)

(2-36) *Polnische Gänse* haben wir *keine* gerupft.

(2-37) *Eier* legt die alte Henne *keine* mehr.

analog zu (2-35) die Struktur (2-36') bzw. (2-37'), wobei hier jeweils *keine pro* die θ-Rolle zugewiesen würde.

(2-36') polnische Gänse$_i$ haben wir [keine *pro*$_i$] [t$_i$ gerupft].

(2-37') Eier$_i$ legt die alte Henne [keine *pro*$_i$] [t$_i$ mehr]

Einen etwas anderen Fall bilden Funktionsverb-Gefüge, wie *Anerkennung/ Beachtung finden, Vereinbarungen/ Vorbereitungen treffen* u.ä. In diesen stark spezifizierten Kontexten haben die Verben *finden* und *treffen* ihre ursprüngliche lexikalische Bedeutung verloren und fungieren als Hilfsverben. In der Argumentposition muß ein lexikalisch genau determiniertes

20 Diese S-Struktur entspricht nicht (2-28)(a), d.h. FANSELOWs Beispielen (17) und (33). Außerdem ist hier die V2-Verschiebung nicht berücksichtigt. Für den vorliegenden Argumentationszusammenhang sind diese beiden Punkte jedoch unerheblich.

21 Den Hinweis auf dieses Verb verdanke ich Heinz Vater.

Nomen stehen. Warum sollte dieses, wie *Vereinbarungen* in (2-38), bei NP-Aufspaltung **nicht** die θ-Rolle tragen, sondern *keine pro*?

(2-38) *Vereinbarungen* wurden bislang *keine* getroffen.

FANSELOWs Analyse birgt einige weitere Probleme. Zunächst, was die von ihm konstatierte "Asymmetrie bezüglich struktureller und obliquer Kasus" angeht (FANSELOW 1988, 102): NP-Aufspaltung ist demnach nur bei strukturellen Kasus, i.e. Nominativ und Akkusativ zulässig. Diese Feststellung stimmt nicht mit den im Anhang gegebenen Daten überein. Zwar kommt NP-Aufspaltung bei Akkusativen erheblich häufiger vor, das bedeutet jedoch nicht, daß Dative und Genitive grundsätzlich von der NP-Aufspaltung ausgeschlossen sind. In (2-39) und (2-40) sind Dativobjekte aufgespalten, wobei in (2-39) ein pluralisches, in (2-40) ein singularisches (zählbares!) Nomen im Vorfeld steht.[22]

(2-39) *Flüchtlingen* hatten sie *vielen* weitergeholfen.
(Hörbeleg, Shanghai Jan. 1988)

(2-40) *Chinesen* hat *keinem einzigen* das Stück von Sadler's Wells gefallen!
(Hörbeleg, Shanghai Dez. 1987)

Genitivobjekte sind im heutigen Deutsch, auch in der Schriftsprache, eher ungebräuchlich, so daß es nicht verwundert, daß sich kaum Belege für NP-Aufspaltung bei Genitivobjekten finden lassen. Die folgenden Sätze (2-41) und (2-42) zeigen NP-Aufspaltung bei Genitiv-NPn, die Argumente von Adjektiven sind:

(2-41) Chinesisch kann sie nicht, aber *romanischer Sprachen* ist sie *vieler* kundig.
(KNIFFKA 1988, 1; Konstruiertes Beispiel)

(2-42) Er schien eine Reihe von Untaten begangen zu haben, doch *Morde* war er *keiner* verdächtig.
(KNIFFKA 1988, 1; Konstruiertes Beispiel)

Die Beispiele (2-39) - (2-42) können nicht analog (2-35), d.h. Annahme zweier NPs, analysiert werden, von denen eine in der D-Struktur an V^0 ad-

22 Die Grammatikalitätszuweisungen bei Beleg (2-40) fallen bei Sprechern des Deutschen unterschiedlich aus. Einige von mir befragte norddeutsche Sprecher (aus Hamburg/Flensburg) lehnen (2-40) zumeist kategorisch ab.

jungiert ist, denn Dative und Genitive sind oblique Kasus. Und nach FANSELOW darf die an V^0 adjungierte NP keinen obliquen Kasus tragen (vgl. FANSELOW 1988, 105).

Ein weiteres Problem stellen aufgespaltene Nominativ-NPs dar.

(2-43) *Gewitter* fand grade *keins* statt, sonst hätt ich schon was gefunden.
(A. Schmidt, Aus dem Leben eines Fauns. Frankfurt/M. 1985, 9)

(2-44) *Teller* paßten *keine* mehr rein.
(Hörbeleg, Köln, 23.10.81)

In (2-43) und (2-44) ist jeweils das Subjekt des Satzes aufgespalten. Für Subjekte nimmt man im Rahmen der Government-and-Binding-Theorie gemeinhin an, daß sie in der Spezifizierer-Position von IP basisgeneriert werden und von ihrer regierenden Kategorie $INFL^0$ den Kasus zugewiesen bekommen.

> Eine NP erhält Nominativ zugewiesen, wenn sie von $INFL^0$ [+AGR] regiert wird.
> (GREWENDORF 1986, 90)

FANSELOWs Analyse ist auf die Fälle von "Subjekt-Aufspaltung" also überhaupt nicht anwendbar. Allerdings bemerkt er in einer Fußnote:

> Die Nominativzuweisung ist unproblematisch. Nominativ wird durch INFL zugewiesen an jede NP, die denselben Index trägt. Da INFL im Deutschen Kasus auch in die VP zuweist, (...) kann auch eine an V adjungierte Position nominativisch markiert sein.
> (FANSELOW 1988, 111 FN 26)

Wenn ich diese Anmerkung richtig verstehe und die vorausgehende Analyse auf die Subjekts-NP übertrage, wird der "nicht-referierende" Teil der Subjekts-NP - im Falle von (2-44) also *Teller* - an V^0 adjungiert, während *keine pro* in der Spezifizierer-Position von INFL steht. Es bleibt jedoch unerwähnt, unter welchen genauen Bedingungen der "nicht-referierende" NP-Teil in V^0 gelangt, und wie dort der Nominativ zugewiesen werden kann - normalerweise erhielte eine Nominalphrase hier eben nicht den Nominativ, sondern den Akkusativ[23].

---

23 Vgl. dazu BHATT 1990, 246: "Problematisch bei Fanselows Analyse ist, daß die Aufspaltung von Nominativ-DPs auf dieselbe Weise erfolgen soll, wie die

Unklar bleibt in FANSELOWs Analyse auch, wo grundsätzlich die Grenze zwischen den angenommenen zwei (Teil-)NPs zu ziehen ist. Offensichtlich gibt es, je nach Komplexität der Nominalphrase, mehrere Möglichkeiten der Aufspaltung, wie (2-45) - (2-47) belegen.

(2-45) *Schaumfestiger* gibt es *viele*.

(Werbeanzeige der Firma Wella in: Freundin 6/93)

(2-46) *Gute Schaumfestiger* gibt es *viele*.

(2-47) *Schaumfestiger* gibt es *viele gute*.

Diese drei Beispiele werden im folgenden analog zu FANSELOWs Beispiel in der jeweiligen D- und S-Struktur gezeigt.

Zur Erinnerung: Für den Satz (2-33) wurden die D-Struktur (2-34) und die S-Struktur (2-35) angenommen:

(2-33) *Polnische Gänse* hat sie *keine* gekauft.

(2-34) $[_{IP}$sie $[_{VP}$ keine $[_{V}$ $[_{NP}$ polnische Gänse $[_{V}$ gekauft hat]]]]]

(2-35) polnische Gänse$_i$ hat sie [keine *pro*$_i$] [t$_i$ gekauft]

Analog wäre für (2-45)

(2-45) *Schaumfestiger* gibt es *viele*.

die D-Struktur (2-45') anzusetzen:

(2-45') $[_{IP}$es $[_{VP}$viele $[_{V}[_{NP}$Schaumfestiger $[_{V}$ gibt]]]]]

Aufspaltung von Akkusativ-DPs, denn Fanselow (p.c.) erzeugt auch bei Nominativ-Aufspaltung den nicht-referierenden NP-Teil an V^0 und bewegt ihn dann ins Vorfeld. Dabei ist zum einen unklar, wie dieser in die VP, bzw. in V^0, gelangt, und zum anderen, wie er zu seinem Nominativ-Kasus kommt, da er doch von V^0 Akkusativ zugewiesen bekäme. Es müßte dann auch grundsätzlich möglich sein, diesen nicht-referierenden NP-Teil zusammen mit dem infiniten Verb ins Vorfeld zu bewegen, was aber, wie (10-70) zeigt, nicht möglich ist.

(10-70) a. ?Arbeiter gestreikt haben in Polen viele.
b. *Arbeiter streiken wollen in Polen viele.
c. *Arbeiter niedergelegt haben ihre Arbeit auf polnischen Werften viele."

Die entsprechende S-Struktur sähe folgendermaßen aus:

(2-45") Schaumfestiger$_i$ gibt es [viele *pro*$_i$] [t$_i$]

Für (2-46), wo Schaumfestiger durch ein Adjektiv modifiziert ist, gilt entsprechend:

(2-46) *Gute Schaumfestiger* gibt es *viele*.
(2-46') [$_{IP}$ es [$_{VP}$ viele [$_V$ [$_{NP}$ gute Schaumfestiger [$_V$ gibt]]]]]
(2-46") Gute Schaumfestiger$_i$ gibt es [viele *pro*$_i$] [t$_i$]

(2-46) läßt sich jedoch variieren und an anderer Stelle aufspalten, vgl. (2-47):

(2-47) *Schaumfestiger* gibt es *viele gute*.

Für die D- bzw. S-Struktur wären analog zu (2-34)/(2-35) (2-47') und (2-47") anzusetzen:

(2-47') [$_{IP}$ es [$_{VP}$ viele gute [$_V$ [$_{NP}$ Schaumfestiger [$_V$ gibt]]]]]

(2-47") Schaumfestiger$_i$ gibt es [viele gute *pro*$_i$] [t$_i$]

Ein Vergleich der D-Strukturen (2-46') und (2-47') zeigt nun, daß das Adjektiv einmal mit dem Nomen zusammen an V^0 adjungiert ist (2-46'), das andere Mal in der NP verbleibt, die die Argumentposition des Verbs besetzt (2-47'). Nach welchen Kriterien wird die V^0-Adjunktion vorgenommen?

Noch deutlicher wird die Problematik durch (2-48)(a) - (d):

(2-48) (a) Viele wertvolle seidene Gobelins werden in der Ausstellung gezeigt.
(b) Wertvolle seidene Gobelins werden viele in der Ausstellung gezeigt.
(c) Seidene Gobelins werden viele wertvolle in der Ausstellung gezeigt.
(d) Gobelins werden viele wertvolle seidene in der Ausstellung gezeigt.

(vgl. KNIFFKA 1986, 77)

Viele wertvolle seidene Gobelins in (2-48)(a) wird, da es Subjekt des Satzes ist, nach der gängigen Theorie in der Spezifizierer-Position von IP basisgeneriert und dann in das Vorfeld bewegt; in (b) müßte die Phrase *wertvolle seidene Gobelins* - nach FANSELOWs Analyse - zunächst an V^0 adjungiert und dann ins Vorfeld verschoben werden, während *viele* im Mittelfeld verbleibt, regiert von IP. In Beispiel (c) wiederum wird die Phrase *seidene Gobelins* an V^0 adjungiert und verschoben, während *viele wertvolle* unter IP im Mittelfeld verbleibt. In (d) schließlich wird nur *Gobelins* an V^0 adjungiert, und *viele wertvolle seidene* verbleibt unter IP im Mittelfeld.

Hieraus ergeben sich einige weitere bis jetzt ungeklärte Fragen: Nach welchen Kriterien wird entschieden, welche Teilkette jeweils an V^0 adjungiert wird? Wie werden Sätze wie (2-48)(e)

(2-48) (e) *Viele seidene Gobelins werden wertvolle in der Ausstellung gezeigt.

in denen die Regeln der pränominalen Abfolge verletzt werden, ausgeschlossen? FANSELOW 1988 argumentiert einerseits für die Existenz zweier Nominalphrasen (im Sinne von "NP-fähig sein"), wäre aber hier gezwungen, eine Beschränkung zu formulieren, die die Existenz genau einer Nominalphrase postuliert.

2.3 Zusammenfassung

In 2.2 wurden, stellvertretend für eine größere Zahl von Arbeiten, zwei Theorie-Ansätze zur NP-Aufspaltung vorgestellt, die sich vor allem darin unterscheiden, daß der eine (VAN RIEMSDIJK 1987) von der gängigen GB-Theorie abweicht und die Verschiebung einer nicht-maximalen Projektion in die SpecCP-Position erlaubt, während der andere (FANSELOW 1988) die Abweichung von der gängigen Theorie strikt ablehnt und eine Analyse präsentiert, die sich - im Bezug auf die Verschiebung maximaler Projektionen - absolut theoriekonform verhält.

Zur Klärung der Frage, ob "move α" auch im Deutschen auf maximale Projektionen und Köpfe beschränkt bleiben muß oder ob auch Teilketten zugelassen werden können, reicht die Analyse von NP-Aufspaltungsdaten allein nicht aus. Es sollten weitere Aufspaltungskonstruktionen herangezogen und unter diesem Aspekt mit der NP-Aufspaltung verglichen werden.

Gemeinsam ist beiden Analyseansätzen, daß sie sich mit der Frage, an welcher Stelle eine Nominalphrase überhaupt aufgespalten werden kann, nur unzureichend oder überhaupt nicht systematisch beschäftigen. Die Beantwortung dieser Frage setzt allerdings voraus, daß über die interne Struktur von Nominalphrasen Konsens herrscht.
Beide Ansätze überzeugen in der Analyse letztlich nicht. Sie werden den Daten der NP-Aufspaltung in mehrfacher Hinsicht nicht gerecht und verletzen bereits die unterste Adäquatheitsebene, die der Beobachtungsadäquatheit. Dies läßt sich zum einen an den untersuchten Daten selbst belegen. Während VAN RIEMSDIJK 1987 eine Nebenvariante zur Hauptvariante erklärt, schließt FANSELOW 1988 eine ganze Gruppe von NP-Aufspaltungen (gespaltene Dativ- und Genitiv-NPs) von vornherein aus.
Zweitens beschränken sich beide Autoren (und die anderen Arbeiten zur NP-Aufspaltung) auf den formal-syntaktischen Aspekt und untersuchen isolierte Einzelsätze. Schließlich wird nicht berücksichtigt, daß es sich bei NP-Aufspaltung primär um ein Phänomen der gesprochenen Sprache handelt.

3. Analyse des Datenkorpus

3.1 Einige Beobachtungen zur Abfolge nominaler Teilketten im Rahmen des Stellungsfelder-Modells

Im folgenden Abschnitt wird die von FANSELOW und VAN RIEMSDIJK beschrittene Theorie-Ebene verlassen, und die von beiden Autoren aufgeworfenen Fragen werden zurückgestellt. Statt dessen sollen die Daten zur NP-Aufspaltung selbst in den Mittelpunkt gerückt und unter verschiedenen Gesichtspunkten analysiert werden.

Zunächst werden im Rahmen des „Stellungsfelder-Modells“ einige topologische Regularitäten beschrieben. REIS 1980 weist nach, daß sich mithilfe dieses Modells eine Reihe von Wortstellungsphänomenen des Deutschen systematisch beschreiben lassen, die in anderen Modellen nicht in gleicher Weise faßbar sind[24]. Dies gilt auch für die Daten der NP-Aufspaltung. Es werden dabei Regularitäten deutlich, die im GB-Rahmen nicht adäquat beschreibbar sind.

3.1.1 Das Stellungsfelder-Modell

Im Stellungsfelder-Modell, dessen Grundlagen auf DRACH 1937 zurückgehen, wird der Satz in drei Felder eingeteilt: das Vorfeld (VF), das Mittelfeld (MF) und das Nachfeld (NF). Definiert werden diese Felder in Bezug auf die Teile des Verbalkomplexes, die im Deutschen die sogenannte Satzklammer bilden. Dabei bildet das finite Verb (im Verbzweit-Satz) die linke Satzklammer, die übrigen Teile des Verbalkomplexes die rechte Satzklammer, die aber leer bleiben kann. Im Nebensatz ist die linke Satzklammer mit einer subordinierenden Konjunktion besetzt, die rechte mit dem finiten Verb. Das Vorfeld ist das Feld vor der linken Satzklammer, das Mittelfeld dasjenige zwischen den beiden Klammern, das Nachfeld steht rechts von der rechten Satzklammer.

VORFELD	linke **Satzklammer**	MITTELFELD	rechte **Satzklammer**	NACHFELD
Ich	gebe	ihm das Buch.	Ø	Ø
	Komm!	Ø	Ø	Ø
Morgen	kommen	wir	zurück.	Ø
	Kommst	du	mit?	Ø
Geld	wollte	er nicht	zahlen,	der Schlingel.
Warum	kommst	du so spät?	Ø	Ø

Abb. 3.1

Die Felder sind, wie die Übersicht in Abb. 3.1 zeigt, nicht notwendig mit lexikalischem Material besetzt. Für das Mittelfeld und das Nachfeld wird angenommen, daß sie gleichwohl vorhanden, aber "leer" sind, während das

24 Die Argumentation insgesamt kann hier nicht wiedergegeben werden. Dazu sei auf DÜRSCHEID 1989 verwiesen.

Vorfeld ausschließlich in Verbzweit-Sätzen vorkommt. Sätze, in denen das Verb in Erst- oder Endstellung steht, haben, so eine der zentralen Annahmen des Stellungsfelder-Modells, grundsätzlich kein Vorfeld.

> It is already clear from the examples that neither of the three fields is necessarily present in every clause. But their respective absence has quite different status. While every German clause type may have a middle field or a final field, or may be complemented by such a field although it need not be, the initial field is confined to clause types that are characterized by 'verb-second' (...) where it is obligatory. (...) We may express the difference in question by saying that absence of an initial field means that none exists, whereas in the case of a middle or a final field it means that they have been left empty.
>
> (REIS 1980, 65-66)

Zu den Sätzen ohne Vorfeld gehören u.a. Fragesätze des Typs Entscheidungsfragen, Befehlssätze, aber auch Wunschsätze und konjunktional eingeleitete Nebensätze, vgl. (3-1) bis (3-3). Satztypen, die über ein Vorfeld verfügen, sind Sätze mit Verb-Zweitstellung, zu denen "normale" Aussagesätze, Ergänzungsfragen und nicht konjunktional eingeleitete Nebensätze gehören, vgl. (3-4) bis (3-6).

Satztypen ohne Vorfeld:

(3-1) Kommt er morgen?
(3-2) Verschwinden Sie!
(3-3) ... weil Otto gestern gekommen ist.

Satztypen mit Vorfeld:

(3-4) Heute fahre ich in die Stadt.
(3-5) Warum schauen Sie so böse?
(3-6) Ich glaube, er kommt am Samstag.

Das Stellungsfelder-Modell läßt sich mit bestimmten Einschränkungen zur Satzanalyse nach der Government-and-Binding-Theorie in Beziehung setzen. Da das Stellungsfelder-Modell nicht auf Tiefenstrukturen zurückgreift, sondern Oberflächenstrukturen beschreibt, ist die S-Struktur der X-bar-Beschreibung eine vergleichbare Projektion, wobei jedoch bedacht werden muß, daß letztere hierarchisch aufgebaut ist, wohingegen das Stellungsfelder-Modell linear strukturiert ist. Eine weitere Einschränkung liegt darin, daß das X-bar-Modell für ***alle*** Satztypen eine dem Vorfeld vergleichbare

Position enthält, nämlich die Spezifizierer-von-CP-Position, während das Vorfeld im Rahmen des Stellungsfelder-Modells nur in Verbzweit-Sätzen erscheint[25]. Das bedeutet, daß ein Vergleich nur bei Verbzweit-Sätzen möglich ist. DÜRSCHEID 1989 (S.68) nimmt die in Abb. 3.2. wiedergegebene Zuordnung vor.

Vorfeld und linke Satzklammer lassen sich XP beziehungsweise V_{fin} zuordnen. Der rechten Satzklammer entspricht im X-bar-Modell ein Teil der VP. Dazu zählen infinite Elemente des Verbalkomplexes und trennbare Verbzusätze, bei mehrteiligem Verbalkomplex immer der am weitesten rechts stehende Teil. Die Besetzung der rechten Satzklammer ist, wie aus Abb. 3.2 hervorgeht, fakultativ. Dem Mittelfeld sind - nicht eindeutig bestimmbare - Teile der IP zuzurechnen.

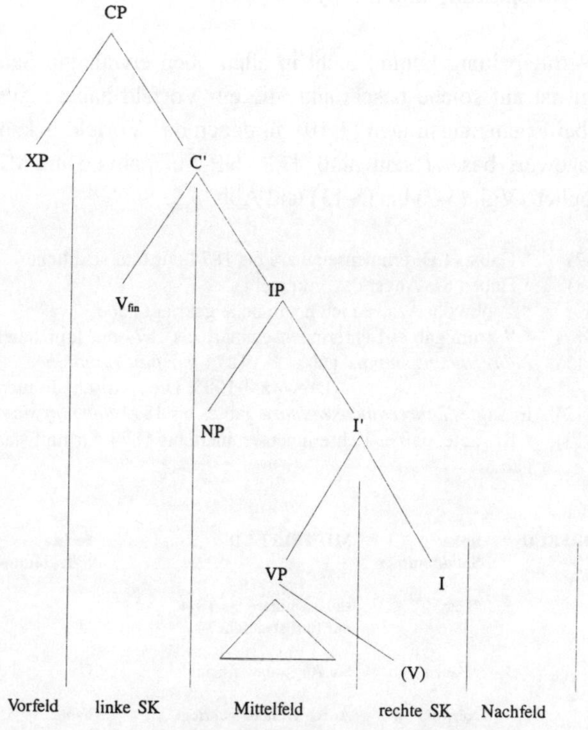

Abb.3.2: Positionen im GB-Modell vs. Stellungsfelder-Modell

25 Eine ausführliche Darstellung findet sich in DÜRSCHEID 1989, 66ff.

3.1.2 NP-Aufspaltung und topologische Felder

Mit Bezug auf die Stellungsfelder lassen sich relativ leicht erste Regularitäten der NP-Aufspaltung erfassen. So können topologische Verhältnisse und die Vorfeld-Besetzung beschrieben werden, wobei hierarchische Verhältnisse zunächst unberücksichtigt bleiben. Es gilt, die folgenden Fragen zu klären:

(1) In welchen Satztypen kommt NP-Aufspaltung überhaupt vor?
(2) Welche Positionen nehmen die rechte und die linke Teilkette der aufgespaltenen Nominalphrase ein?

NP-Aufspaltung und Satztyp

NP-Aufspaltung kommt nicht in allen oben erwähnten Satztypen vor, sondern ist auf solche beschränkt, die ein Vorfeld haben. Ausgenommen sind dabei Ergänzungsfragen (3-10), in denen das Vorfeld bekanntlich mit einem Fragewort besetzt sein muß. D.h. NP-Aufspaltung im Mittelfeld ist nicht möglich. Vgl. (3-7) bis (3-13) und Abb. 3.3.

(3-7) * Gab es Lehrerinnenseminare bis 1874 nur fünf staatliche?
(3-8) * Haben Sie Angst davor keine!
(3-9) * ... obwohl Azaleen ich heute neue gekriegt habe.
(3-10) * Warum gab es Lehrerinnenseminare bis 1874 nur fünf staatliche?
(3-11) *Lehrerinnenseminare* gab es bis 1874 *nur fünf staatliche*.
(Drewitz, I.1983, Die Deutsche Frauenbewegung, S. 153)
(3-12) Er sagte, *Lehrerinnenseminare* gab es bis 1874 *nur fünf staatliche*.
(3-13) * Er sagte, daß es Lehrerinnenseminare bis 1874 nur fünf staatliche gab.

VORFELD	linke Satzklammer	MITTELFELD	rechte Satzklammer	NACHFELD
	*Gab	es L.seminare bis 1874 nur fünf staatliche?	Ø	Ø
	*Haben	Sie Angst davor keine!	Ø	Ø
...	*obwohl	A. ich ... neue gekriegt	habe.	Ø
*Warum	gab	es L.seminare bis 1874 nur fünf staatliche?	Ø	Ø

L.seminare	**gab**	**es bis 1874 nur fünf staatliche.**	**Ø**	**Ø**
(Er sagte,) L.seminare	**gab**	**es bis 1874 nur fünf staatliche.**	**Ø**	**Ø**
***(Er sagte,)**	**daß**	**es L.seminare bis 1874 nur fünf staatliche**	**gab**	**Ø**

Abb.3.3.

(3-7) bis (3-9) und (3-13) repräsentieren Satztypen ohne Vorfeld, wie aus Abb. 3.3 deutlich wird. In (3-10) liegt eine Ergänzungsfrage (mit Fragewort im Vorfeld) vor. In allen diesen Beispielen führt Aufspaltung der Akkusativ-NP[26] zu Ungrammatikalität. Bei Beispielsatz (3-11) handelt es sich um einen unabhängigen Satz mit Verbzweit-Stellung und Vorfeld: NP-Aufspaltung ist möglich. In (3-12) hingegen erscheint die Aufspaltungskonstruktion in einem nicht-konjunktional eingeleiteten (Neben)-Satz, der ebenfalls über ein Vorfeld verfügt. NP-Aufspaltung ist in (3-12) in einem eingebetteten Satz realisiert. Allerdings ist das Verb, zu dem dieser eingebettete Satz Komplement ist, ein sogenanntes "Brückenverb"[27]. Zu dieser Gruppe von Verben zählen *meinen*, *sagen*, *glauben* etc. Brückenverben erlauben nicht-konjunktional eingeleitete finite eingebettete Sätze und lassen zu, daß eine Konstituente aus einem eingebetteten Satz extrahiert werden kann - eine Bewegung, die sonst im Deutschen nicht möglich ist (vgl. (3-13).
Ähnlich wie W-Bewegung verhält sich NP-Aufspaltung: Sie ist (in eingebetteten Sätzen) ebenso nur bei Brückenverben möglich. Vgl. (3-14) und (3-15):

(3-14) Hans glaubt, / meint / sagt / behauptet *Käse* gäb's bei Wingenfeld *guten*.

(3-15) *Beweise* glaubte er nun *keine* bringen zu müssen.

26 Nach neueren theoretischen Ansätzen müßte man von einer Akkusativ-DP sprechen. Auf die DP-Analyse wird in Abschnitt 3.2 eingegangen.
27 Vgl. dazu GREWENDORF 1985, 88f.

Auch blockieren die Konjunktionen *und*, *denn* und *aber* die NP-Aufspaltung nicht. Von ihnen nimmt man an, daß sie, im Gegensatz zu subordinierenden Konjunktionen wie *obwohl* und *weil*, nicht die Vorfeldposition besetzen, sondern links außerhalb des Vorfeldes angesiedelt sind[28], vgl. (3-16) - (3-18):

(3-16) Und *Hochleistungssportler* hab ich hier *einen* im Studio.
(WDR2 Radio, 21.11.89, 10.35 Uhr)

(3-17) Was die Beiträge angeht, naja ... Aber *Beteiligung* gab es *einige*.
(Hörbeleg Köln, 15.12.80)

(3-18) Denn *Wasser* sei, wenn es gekracht habe, *keines* zu haben.
(Bayern 3 Fernsehen, 21.9.90, 15.30 Uhr)

Man kann festhalten: NP-Aufspaltung ist nur in solchen Satztypen möglich und zulässig, die über ein Vorfeld verfügen und bei denen das Vorfeld nicht, wie bei der Ergänzungsfrage, obligatorisch mit einem anderen Element, z.B. einem Fragewort, besetzt werden muß.

Stellungsmöglichkeiten der NP-Teilketten

Damit ist ein weiteres Charakteristikum der NP-Aufspaltung genannt: Im Gegensatz zum Quantoren-Floating (vgl. Einleitung), das "Distanz" der Quell-NP zu *alle* oder *beide* aus den unterschiedlichsten NP-Positionen im Vorfeld wie im Mittelfeld erlaubt, muß die linke Teilkette (mit dem Kern-Nomen) bei NP-Aufspaltung obligatorischerweise im Vorfeld stehen, die rechte Teilkette im Mittelfeld.

Eine NP-Aufspaltung, bei der sich beide Teilketten im Mittelfeld befinden, ist, wie oben schon angedeutet, ungrammatisch. (3-11') und (3-13') verdeutlichen dies noch einmal:

(3-11') *Es gab Lehrerinnenseminare bis 1874 nur fünf staatliche.
(3-14') *Hans glaubt, es gäbe Käse bei Wingenfeld guten.

---

28 Vgl. REIS 1980, 66: "A case in point are the 'coordinating' conjunctions (und, aber, denn, ...) which, in view of their behavior - they can introduce practically any clause without however influencing its internal make-up - have to be characterized as being 'outside the clause', 'to the left of the lefthand clause boundary'."

Die Vorfeld-Position, vgl. SpecCP-Position in Abb. 3.2. oben, wird gemeinhin als "Landeplatz" für topikalisierte Konstituenten angesehen. Dabei wird in der Regel unterstellt, (a) daß nur eine Konstituente topikalisiert werden kann (vgl. GREWENDORF 1988), (b) daß es sich dabei um eine maximale Projektion handelt (vgl. FANSELOW 1988, Kap. 2.) und (c) daß diese maximale Projektion in der Regel das Thema ('topic') des Satzes darstellt.[29] Es gibt allerdings Untersuchungen, die zeigen, daß die Annahmen (a) - (c) für das Deutsche (so) nicht zutreffen. DÜRSCHEID 1989 weist nach, daß das Vorfeld mehrfach besetzt sein kann und daß es nicht-maximale Projektionen im Vorfeld gibt. Auch VAN RIEMSDIJK 1987 (vgl.o. Kap.2) plädiert für die Zulassung nicht-maximaler Projektionen bei der Bewegungsregel "move α" im Zusammenhang mit NP-Aufspaltung. BENEŠ 1971 weist auf das Problem der Gleichsetzung von Vorfeld-Position und „Thema“ hin. Gegen die Annahmen (b) und (c) liefert auch NP-Aufspaltung Evidenz, was in Kapitel 5 ausführlicher erörtert wird . Die Annahme (b), nach der nur maximale Projektionen topikalisiert werden können, wird weiter unten näher behandelt. In diesem Zusammenhang bleibt zunächst festzuhalten, daß es für die linke Teilkette der aufgespaltenen NP keine andere Landeposition als das Vorfeld gibt. Sie muß im Vorfeld stehen. Auch für die Topikalisierung maximaler Projektionen gibt es keinen alternativen Landeplatz zum Vorfeld bzw. der SpecCP-Position.

Welches sind mögliche Positionen für die rechte Teilkette bei NP-Aufspaltung? Für das Mittelfeld selbst werden im Stellungsfelder-Modell keine differenzierteren Positionen ausgewiesen. Ich möchte meine Analyse an einer Reihe von Untersuchungen zur Abfolge nominaler Elemente (direktes und indirektes Objekt)[30] im Mittelfeld orientieren und untersuchen, ob die rechte Teilkette einer aufgespaltenen Nominalphrase eine Position einnimmt, die der der unaufgespaltenen Nominalphrase entspricht und ob die rechte Teilkette den gleichen Abfolgebeschränkungen (wie einer unaufgespaltenen NP) unterliegt.
Betrachten wir zunächst (3-19) - (3-23), in Abb. 3.4 wiedergegeben im Stellungsfelder-Rahmen.

---

29 Vgl. LENERZ 1977, 11; REIS 1977, 212ff; VATER 1994, 133
30 Beispielsweise LENERZ 1977.

VORFELD	linke Satzklammer	MITTELFELD		rechte Satzklammer	NACHFELD
Fotos	gab	es	*keine*.	Ø	Ø
Abkürzung	konnte	man	*keine*	gehen.	Ø
Schweine u. Ziegen	leben	*keine* mehr in E.		Ø	Ø
Gründe	gibt	es *viele*		Ø	warum Jug. z. Droge greifen
Spekulationen	hatte	es im Vorfeld schon *viele*		gegeben	um diese Rede.

Abb. 3.4

(3-19) *Fotos* gab es *keine*.

(ARD Tagesschau am 4.12.91)

(3-20) *Abkürzung* kann man *keine* gehen.

(ARD Fernsehen, Rosenmontagszug am 26.2.90)

(3-21) *Schweine und Ziegen* leben *keine* mehr in Eisenheim.

(WDR3 Fernsehen, Rückblende am 2.12.94 ca. 23.10)

(3-22) *Gründe* gibt es *viele*, warum Jugendliche zur Droge greifen.

(ZDF, Doppelpunkt, Herbst 1993)

(3-23) *Spekulationen* hatte es im Vorfeld schon *viele* gegeben um diese Rede.

(ARD Tagesthemen am 7.12.88)

In (3-19) sind die rechte Satzklammer und das Nachfeld leer. Im Mittelfeld befindet sich neben der (akkusativischen) NP-Teilkette *kein* das unbetonte pronominalische *es* als Subjekt. Für dieses pronominale Subjekt gibt es im Mittelfeld eine Beschränkung: *Es* kann nur unmittelbar auf die linke Satzklammer folgen[31], steht somit in der ersten Position des Mittelfeldes. Die rechte Teilkette kann nur darauf folgen und steht, da der Satz keine weiteren Konstituenten hat, unmittelbar vor der rechten Satzklammer. Vergleicht man diese Abfolge mit einer Variante, in der die Akkusativ-NP nicht aufgespalten ist, wie in (3-19'), wird deutlich, daß die rechte Teilkette von (3-19) in der gleichen Position wie die nicht aufgespaltene Nominalphrase steht:

(3-19') Gestern gab es keine Fotos.

31 Vgl. GREWENDORF 1985, 22-23.

Ähnliches gilt für Beispiel (3-20), das sich von (3-19) dadurch unterscheidet, daß die rechte Satzklammer besetzt ist.

(3-20') Gestern konnte man keine Abkürzung gehen.

In (3-21) finden sich zwischen rechter NP-Teilkette und rechter Satzklammer das Adverb *mehr* und die Lokalangabe *in Eisenheim*. *Mehr* erscheint - in dieser Lesart[32] - stets rechts von einem verneinenden Ausdruck und kann in diesem Beispiel keine andere Position im Mittelfeld einnehmen. Das Lokal-Adverbial *in Eisenheim* stellt eine notwendige Ergänzung zum Verb *leben* dar und steht daher regel-gerecht vor der rechten Satzklammer (vgl. dazu GREWENDORF 1985, 22). In diesem Beispiel ist die Subjekts-NP aufgespalten, und das Element im Mittelfeld (*kein-*) nimmt demzufolge die "normale" Subjektsposition unmittelbar hinter der linken Satzklammer ein. (3-21') repräsentiert die nicht-aufgespaltene Variante mit dem Subjekt im Mittelfeld:

(3-21') Seit Jahren leben *keine Schweine und Ziegen* mehr in Eisenheim.

Dies ist allerdings nicht die einzige Stellungsmöglichkeit des Subjekts im Mittelfeld. Sowohl in der aufgespaltenen wie in der nicht-aufgespaltenen Variante kann die Subjekts-NP bzw. die rechte Teilkette derselben unmittelbar vor der rechten Satzklammer stehen, da *kein* betont ist:

(3-21") *Schweine und Ziegen* leben in Eisenheim *keine* mehr.

Die aufgespaltene Nominalphrase verhält sich also genau so wie die vollständige NP[33]:

(3-21") Seit Jahren leben *keine Schweine und Ziegen* mehr in Eisenheim.
(3-21"') Seit Jahren leben in Eisenheim *keine Schweine und Ziegen* mehr.

---

32 *Mehr* drückt zusammen mit einem verneinenden Ausdruck aus, daß etwas, das bisher vorhanden war, nun nicht da ist: *Wir haben nichts mehr zu trinken.* (...) Vgl. Langenscheidts Großwörterbuch Deutsch als Fremdsprache 1993, 644.

33 Zu bemerken ist hier, daß das Adverb *mehr* bei NP-Aufspaltung beim Negationselement im Mittelfeld verbleiben muß.

Die Daten in (3-22) und (3-23) sind insofern interessant, als sich Teile der Akkusativ-NP jeweils in allen drei Feldern des Beispielsatzes finden: Im Vorfeld die linke Teilkette, die nach der Aufspaltung dorthin gelangt ist; im Mittelfeld die rechte Teilkette, die in der basisgenerierten Position verblieben ist; im Nachfeld ein Komplement der aufgespaltenen Akkusativ-NP, das offensichtlich durch Ausklammerung in diese Position gelangt ist. In (3-22) handelt es sich dabei um einen Komplementsatz zu *Gründe*, in (3-23) um eine Präpositionalphrase zu *Spekulationen*.

Für die Abfolge der Elemente im Mittelfeld gelten in (3-22) die gleichen Bedingungen wie in (3-19): Unbetontes pronominales Subjekt folgt unmittelbar hinter der linken Satzklammer, dann das (indefinite) Akkusativobjekt. In (3-23) befinden sich neben dem pronominalen Subjekt ein freies Adverbial (*im Vorfeld*) und *viele* als rechte Teilkette des obligatorischen Akkusativobjektes zu *gibt es* im Mittelfeld. Diese Abfolge entspricht, wie alle anderen genannten Beispiele, dem "Normalfall": Freie Adverbiale stehen vor obligatorischen Objekten.

In (3-22) und (3-23) entspricht die Position der rechten Teilkette also jeweils der der nicht aufgespaltenen Nominalphrase, vgl. (3-22') und (3-23'):

(3-22') Sicher gibt es *viele Gründe, warum Jugendliche zur Droge greifen*.

(3-23') In diesem Jahr hatte es im Vorfeld schon *viele Spekulationen* gegeben *um diese Rede*.

In den Beispielen (3-19) - (3-23) bildet die aufgespaltene NP jeweils das einzige nominale Satzglied. Wie sehen die Positionsmöglichkeiten aus, wenn im Mittelfeld mehrere nominale Satzglieder vorhanden sind (Subjekt, direktes Objekt und indirektes Objekt)? Gelten dann bei NP-Aufspaltung die gleichen Abfolgebedingungen im Mittelfeld wie bei nicht aufgespaltenen NPs? D.h. sind die Restriktionen, wie sie LENERZ 1977 beschrieben hat, wirksam?

Zunächst ist die Abfolge direktes Objekt/indirektes Objekt zu betrachten, wozu die Sätze unter (3-24)[34] zu vergleichen sind. Aufgespalten ist hier je-

34 Das Hauptaugenmerk liegt hier auf einer parallelen Struktur mit möglichst vielen nominalen Gliedern im Mittelfeld. Daher wurde das Temporaladverbial *gestern* in

weils das Akkusativ-Objekt (hier: direktes Objekt) *keine Bücher*, eine indefinite NP; die Dativ-NP (indirektes Objekt) ist hier definit.

(3-24a) Gestern hat die Frau dem Mann *keine Bücher* gegeben.
(3-24a') *Bücher* hat die Frau dem Mann *keine* gegeben.

In den Sätzen (3-24a) und (3-24a') findet sich die "normale" Abfolge im Mittelfeld: definite Subjekts-NP, definites indirektes Objekt, indefinites direktes Objekt. Vgl. LENERZ 1977, 52: "In der Abfolge IO DO sind sämtliche Kombinationen von bestimmten und unbestimmten Artikeln bei beiden beteiligten NPs möglich (...)".

Die umgekehrte Abfolge DO IO ist jedoch eingeschränkt: Sie ist unmöglich, wenn das direkte Objekt eine indefinite Nominalphrase ist: Definitheitsbedingung (vgl. LENERZ 1977, 54). Dieser Fall liegt vor in (3-24b).

(3-24b) *Gestern hat die Frau *keine Bücher* dem Mann gegeben.
(3-24b') *?*Bücher* hat die Frau *keine* dem Mann gegeben.

(3-24b') ist vielleicht möglich, wenn *keine* sehr stark betont ist (Kontrastbetonung). Die meisten Sprecher, denen dieser Satz vorgelegt/vorgesprochen wurde, fanden ihn allerdings unakzeptabel. Dies steht nicht unbedingt im Widerspruch zu LENERZ' Aussagen - bei Kontrastbetonung treten manche seiner Abfolgebeschränkungen wieder außer Kraft.

In (3-24 c/c') bis (3-24l/l') sind alle Abfolgemöglichkeiten von direktem und indirektem Objekt in pronominaler/nicht-pronominaler Form und definiter und indefiniter Kennzeichnung repräsentiert, wobei die Pronomina als definite Kennzeichnungen aufgefaßt sind[35]. Es zeigt sich, daß die Sätze immer dann ungrammatisch sind, wenn die (indefinite) Akkusativ-NP - unabhängig davon, ob sie gespalten ist oder nicht - im Mittelfeld vor dem Dativ-Objekt steht.

(3-24c) Gestern hat sie dem Mann *keine Bücher* gegeben.
(3-24c') *Bücher* hat sie dem Mann *keine* gegeben.

---

den mit (') versehenen Sätzen weggelassen.

35 Die Abfolgebeschränkungen, die gelten, wenn DO und IO beide pronominal sind, bleiben hier völlig unberücksichtigt, da sie für den hier diskutierten Zusammenhang nicht relevant sind.

(3-24d) Gestern hat sie ihm *keine Bücher* gegeben.
(3-24d') *Bücher* hat sie ihm *keine* gegeben.

(3-24e) *Gestern hat sie *keine Bücher* ihm gegeben.
(3-24e') **Bücher* hat sie *keine* ihm gegeben.

(3-24f) Gestern hat die Frau ihm *keine Bücher* gegeben.
(3-24f') *Bücher* hat die Frau ihm *keine* gegeben.

(3-24g) *Gestern hat die Frau *keine Bücher* ihm gegeben.
(3-24g') **Bücher* hat die Frau *keine* ihm gegeben.

(3-24h) Gestern hat die Frau einem Mann *keine Bücher* gegeben.
(3-24h') *Bücher* hat die Frau einem Mann *keine* gegeben.

(3-24i) Gestern hat sie einem Mann *keine Bücher* gegeben.
(3-24i') *Bücher* hat sie einem Mann *keine* gegeben.

(3-24j) Gestern hat eine Frau dem Mann *keine Bücher* gegeben.
(3-24j') *Bücher* hat eine Frau dem Mann *keine* gegeben.

(3-24k) Gestern hat eine Frau einem Mann *keine Bücher* gegeben.
(3-24k') *Bücher* hat eine Frau einem Mann *keine* gegeben.

(3-24l) *Gestern hat eine Frau *keine Bücher* einem Mann gegeben.
(3-24l') **Bücher* hat eine Frau *keine* einem Mann gegeben.

Aus den Sätzen in (3-24) sind die folgenden Regularitäten erkennbar: (a) Die rechte Teilkette einer aufgespaltenen Akkusativ-NP steht im Mittelfeld in der gleichen Position wie die nicht aufgespaltene NP. Sie unterliegt (b) den gleichen Abfolgerestriktionen wie diese.
In den Sätzen in (3-25) ist eine (indefinite) Dativ-NP aufgespalten. Hier gilt das Gleiche wie für die aufgespaltenen Akkusativ-NPs: Position und Abfolgebeschränkung entsprechen exakt der nicht aufgespaltenen Nominalphrase.

(3-25a) Gestern hat sie *vielen Kindern* eine Urkunde überreicht.
(3-25a') *Kindern* hat sie *vielen* eine Urkunde überreicht.

(3-25a/a'): "Normale" Abfolge (IO DO), vgl. (3-24a/a').
In (3-25b/b') ist diese Abfolge umgekehrt, und die Sätze sind aufgrund der Verletztung der Definitheitsbedingung ungrammatisch. Wenn das direkte Objekt (*Urkunde*) hingegen definit ist (vgl. (3-25d/d'), ergibt die umgekehrte Abfolge (DO IO) grammatische Sätze.

(3-25b) *Gestern hat sie eine Urkunde *vielen Kindern* überreicht.
(3-25b') **Kindern* hat sie eine Urkunde *vielen* überreicht.

(3-25c) Gestern hat sie *vielen Kindern* die Urkunde überreicht.
(3-25c') *Kindern* hat sie *vielen* die Urkunde überreicht.

(3-25d) Gestern hat sie die Urkunde *vielen Kindern* überreicht.
(3-25d') *Kindern* hat sie die Urkunde *vielen* überreicht.

In (3-25e/e') und (3-25f/f') ist das direkte Objekt pronominal; entsprechend sind nur die Sätze (3-25f/f') korrekt:

(3-25e) *Gestern hat sie *vielen Kindern* sie überreicht.
(3-25e') **Kindern* hat sie *vielen* sie überreicht.

(3-25f) Gestern hat sie sie *vielen Kindern* überreicht.
(3-25f') *Kindern* hat sie sie *vielen* überreicht.

Beispiel (3-21) oben zeigte bereits, daß, wenn die aufgespaltene Nominalphrase Subjektsfunktion hat, die rechte Teilkette im Mittelfeld jeweils in Positionen steht, die auch die vollständige Nominalphrase einnehmen könnte. Die Beispiele unter (3-26)[36] zeigen völlig paralleles Verhalten von vollständiger NP und NP-Teilkette im Mittelfeld:

(3-26a) Gestern haben mich *viele Volvos* überholt.
(3-26a') *Volvos* haben mich *viele* überholt.

(3-26b) Gestern haben *viele Volvos* mich überholt.
(3-26b') *Volvos* haben *viele* mich überholt.

LENERZ 1994 formuliert - in anderem Kontext - eine Einschränkung der NP-Aufspaltung für den Fall, daß eine Modalpartikel im Mittelfeld erscheint: Demnach kann eine Subjekts-NP nur dann aufgespalten werden, wenn sie einer Modalpartikel folgt, nicht aber, wenn sie ihr vorangeht. Der Satz (11b) (in LENERZ 1994, 163) ungrammatisch.

> Aufgrund der Möglichkeit, aus Subjekten zu extrahieren, die auf die Modalpartikel folgen (...), gehe ich davon aus, daß diese innerhalb der VP stehen (...), wo sie vom Verb streng regiert sind.
>
> (10) (a) Was haben dich denn [t für Leute] angesprochen?
> (b) Volvos haben mich ja [viele t] überholt.

36 Der Beispielsatz entstammt LENERZ 1994, 163 (Beispiel (10)(b); (11)(b))

Dies gilt nicht für Subjekte, die *vor* den Modalpartikeln auftreten (...). Hier ist jeweils keine Extraktion möglich:

(11) (a) *Was haben dich [t für Leute] denn angesprochen?
(b) *Volvos haben mich [viele t] ja überholt.

(LENERZ 1994, 163)

Ich kann LENERZ' Grammatikalitätszuweisung in (11)(b) nicht uneingeschränkt zustimmen. Satz (11)(b) ist für einige Sprecher des Deutschen dann akzeptabel, wenn *überholt* betont ist; die Modalpartikel modifiziert in dem Fall das Verb *überholt*; sie hebt hervor, daß das im Verb Ausgedrückte zutrifft, und könnte in diesem Falle durch *sogar* ergänzt werden:

(3-26c) *Volvos* haben mich *viele* ja (sogar) ÜBERHOLT.

Daß NP-Aufspaltung von Subjekten grundsätzlich dann nicht möglich sein soll, wenn das Subjekt vor einer Modalpartikel steht, wird durch Beispiele wie (3-27) und (3-28) widerlegt, in denen andere Modalpartikeln[37] erscheinen. *Immerhin* wird in (3-27) und (3-28) verwendet, um eine negative Aussage zu relativieren. Diese Relativierung kann man einmal auf die Anzahl der beantragten Flüge (vgl. (3-27)) beziehen. In diesem Fall steht die Modalpartikel vor dem Subjekt. Sie kann aber auch auf den Akt der Bewilligung bzw. Ablehnung bezogen werden (vgl. (3-28)). Dann steht sie unmittelbar vor dem infiniten Verbteil, und das Subjekt geht ihr voran. In beiden Fällen ist NP-Aufspaltung möglich:

(3-27) Gottseidank sind uns immerhin *ZWEI Flüge* bewilligt worden.
(3-27') *Flüge* sind uns (gottseidank) immerhin *ZWEI* bewilligt worden.

(3-28) Gottseidank sind uns *zwei Flüge* immerhin BEWILLIGT worden.
(3-28') *Flüge* sind uns (gottseidank) *zwei* immerhin BEWILLIGT worden.

Die Modalpartikel *immerhin* läßt sich in diesem Fall also auf verschiedene Satzglieder beziehen, und das einzuschränkende Satzglied folgt der Partikel.

Ähnliches läßt sich für die Modalpartikel *wohl* vermerken, die (in der hier verwendeten Lesart) ausdrückt, daß etwas mit ziemlicher Sicherheit zutrifft, vgl. (3-29) und (3-30):

37 Zur Klassifikation der Partikeln vgl. EISENBERG 1989, 206ff.

(3-29) Gestern mußten wohl *ZWEI Flüge* gestrichen werden.
(3-29') *Flüge* mußten gestern wohl *ZWEI* gestrichen werden.

(3-30) Gestern mußten *zwei Flüge* wohl GESTRICHEN werden.
(3-30') *Flüge* mußten (gestern) *zwei* wohl GESTRICHEN werden.

Ist die Subjekts-NP allerdings verneint (mit *kein*), so kann sie im Mittelfeld nur der Modalpartikel folgen, unabhängig davon, ob sie aufgespalten ist oder nicht, vgl. (3-31):

(3-31) Gestern mußten wohl *KEINE Flüge* gestrichen werden.
(3-31') *Flüge* mußten gestern wohl *KEINE* gestrichen werden.

(3-32) *Gestern mußten *keine Flüge* wohl GESTRICHEN werden.
(3-32') **Flüge* mußten gestern *keine* wohl GESTRICHEN werden.

In den Sätzen (3-27) bis (3-32) verhalten sich aufgespaltene und nicht-aufgespaltene Subjekts-NP in Bezug auf die Abfolge zur Modalpartikel jeweils absolut parallel.

Zusammenfassend läßt sich für die Mittelfeld-Position der rechten Teilkette der aufgespaltenen (indefiniten) Nominalphrase festhalten: Die rechte Teilkette nimmt im Mittelfeld nur solche Positionen ein, die auch die nicht-aufgespaltene NP einnehmen kann. Für sie gelten exakt die gleichen Abfolgebedingungen. Das bedeutet, die Teilkette bleibt in ihrer basisgenerierten Position.

3.2 Zur Vorfeldbesetzung bei NP-Aufspaltung

Oben standen die Positionen in der linearen Abfolge im Mittelpunkt, die die beiden bei NP-Aufspaltung erzeugten Teilketten einnehmen können. Wie sehen diese Teilketten nun genau aus? Welche (lexikalischen) Elemente können bzw. müssen im Vorfeld, welche im Mittelfeld stehen? Es gilt zu klären, an welchen Stellen die Nominalphrase überhaupt gespalten werden kann. Dazu ist es erforderlich, die interne Struktur der unaufgespaltenen Nominalphrase zu analysieren und sie mit der aufgespaltenen Konstruktionsvariante zu vergleichen. Dies soll im Rahmen der DP-Analyse geschehen, die sich für eine Reihe bisher ungeklärter Fälle als vorteilhaft erwiesen hat[38], unter anderem auch für die Daten der NP-Aufspaltung, wie TAPPE 1989 bereits festgestellt hat.

3.2.1 DP-Analyse

Im Rahmen der Entwicklung der Theorie funktionaler Kategorien wurde, zunächst für das Englische[39], die Nominalphrase mit einem Nomen als Kern rekonzipiert als "Komplex aus den maximalen Projektionen von DET und N" (OLSEN/FANSELOW 1991, 10). Dabei bildet die funktionale Kategorie DET den syntaktischen Kopf der Phrase, die eine Nominalphrase (NP) als Komplement zu sich nimmt. Mit OLSEN 1989 nehme ich die folgende Grundstruktur einer DP an[40]:

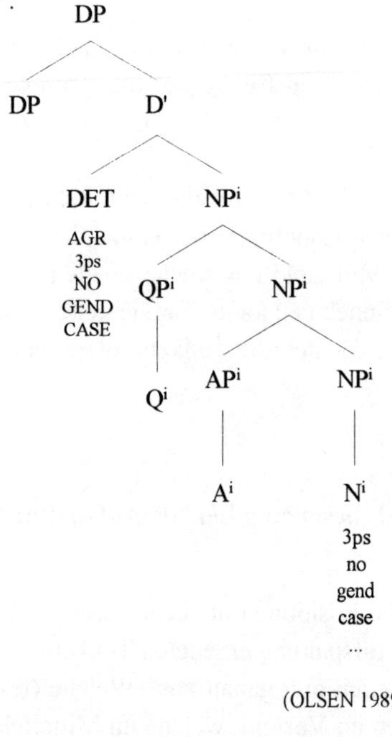

(OLSEN 1989, 45)

Abb. 3.5:

38 Ich möchte auf die Vorteile dieser Analyse hier nicht näher eingehen. Dazu sei verwiesen auf BHATT 1990; HAIDER 1988; OLSEN 1989; 1991; VATER 1991, 1993.

39 Vgl. dazu vor allem ABNEY 1987.

40 OLSENs Notation ist nicht einheitlich (DP - D'): Statt DP, NP etc. müßten die Knoten, da sie D' verwendet, konsequenterweise D" und N" lauten.

Zur Kategorie DET zählt OLSEN 1989 "Definite Determiners" wie *d-*, *dies-*, *jen-*, *mein-/dein-*, *-s*, *ich*, *du* ... und "Indefinite Determiners" wie *jed-*, *manch-*, *kein-*, *all-*, *beid-*. Zur Kategorie Q "Quantificational Adjectives" gehören *halb-*, *ganz-*, *viel-*, *wenig-*, *sämtlich-*, *einig-*, *mehrere*. *Ein-* taucht in OLSENs Klassifizierung nicht auf - ich rechne es mit VATER 1993[41] den Quantoren zu (vgl. auch Kap. 2). Das gleiche gilt für *kein-*, da es sich - bis auf die Verbindbarkeit mit dem bestimmten Artikel - syntaktisch wie *ein-* verhält. *Ein-* und *kein-* erscheinen darum in der nachfolgenden Analyse unter Q".

OLSEN 1991 rechnet jedoch nicht alle in älterer Terminologie NP genannten Satzglieder zu den DPs. In Fällen, in denen die AGR-Merkmale nirgendwo explizit realisiert sind, liegt ihrer Ansicht nach eine NP vor. Damit bezeichnet OLSEN 1991 solche Fälle, in denen einem Nomen weder ein Determinans noch ein Adjektiv vorangeht und wo am Nomen Kasus und Numerus nicht eindeutig ausgedrückt sind. Selbst wenn die Merkmale nicht explizit realisiert sind - diese "NPs" sind genauso als determiniert anzusehen wie solche mit expliziter Kennzeichnung. Ich bin daher mit VATER 1991 der Ansicht, daß man auch in diesen Fällen von einer DP sprechen kann[42],

> ... da ja überall Kasus-, Genus-, und Numerus-Merkmale vorhanden sind, auch wenn sie phonetisch nicht realisiert werden. Das Fehlen einer Realisierung ist ... eine Angelegenheit der phonologischen Form, nicht der syntaktischen Struktur. (...) Die Auffassung von D als funktionaler Kategorie mit verschiedenen - nicht unbedingt lexikalischen - Realisierungsmöglichkeiten, verbunden mit der Lokalisierung der AGR-Merkmale in dieser funktionalen Kategorie, lassen den DP-Ansatz auch da plausibel erscheinen, wo kein explizites Determinans oder eine andere D-Realisierung auftritt.
>
> (VATER 1991, 26,28)

---

41 Vgl. VATER 1993, 67, FN 2: "In mehreren Aufsätzen (...) habe ich syntaktische und semantische Argumente angeführt, die darauf deuten, daß es sich bei Determinantien (bestimmter Artikel und Demonstrativa) und Quantoren (*ein, all, jed-, einige* u.a.) um zwei verschiedene Klassen handelt. Besonders ihre Verbindbarkeit im Deutschen (vgl. *der eine Bruder, alle diese Brüder*) spricht für diese Auffassung." VATER 1986, 30: "Die Quantoren subklassifizieren das Kern-N nach dem Merkmal [± zählbar]. Plural drückt (auch ohne weiteren Q) immer Zählbarkeit aus, ebenso *ein-* und *jed-*; *all-*, *einig-* und *kein* drücken im Sg. immer Nicht-Zählbarkeit aus, im Plural natürlich Zählbarkeit. Sämtliche D sind dagegen merkmallos im Hinblick auf Zählbarkeit."

42 Auch LÖBEL 1989 wendet sich gegen eine Annahme von DPs und NPs auf Satzebene. "Die funktionale Kategorie D kann nicht nur durch lexikalische Elemente oder Affixe realisiert sein, sondern auch inhärent vorliegen (in Form eines syntaktischen Merkmals)."

3.2.2 NP-Aufspaltung im Rahmen der DP-Analyse

Betrachten wir zunächst die Beispiele (3-33) und (3-34), in denen jeweils ein Nomen die Vorfeld-Position einnimmt, während im Mittelfeld ein Adjektiv (3-33) bzw. ein Quantor (3-34) steht:

(3-33) *Azaleen* habe ich heute *neue* gekriegt.

(Hörbeleg Köln, 14.10.81)

(3-34) *Anzug* hab' ich noch *einen.*

(Hörbeleg Köln, 14.2.89)

In den folgenden Abbildungen sind diese Nominalphrasen in der nicht-aufgespaltenen Form als Komplemente einer Determinansphrase D" dargestellt; die Nominalphrase aus (3-33) in Abbildung 3.6, die aus (3-34) in Abbildung 3.7. Es wird deutlich, daß *Azaleen* bzw. *Anzug* nicht einfach als Kern-Nomen aufzufassen sind, sondern als N"-Projektionen der untersten Stufe.

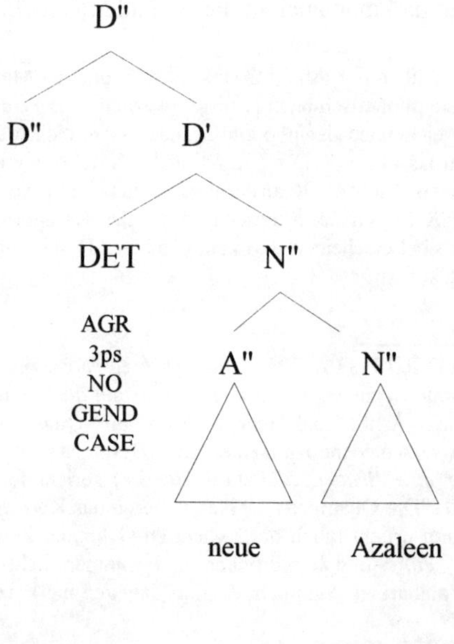

Abb. 3.6

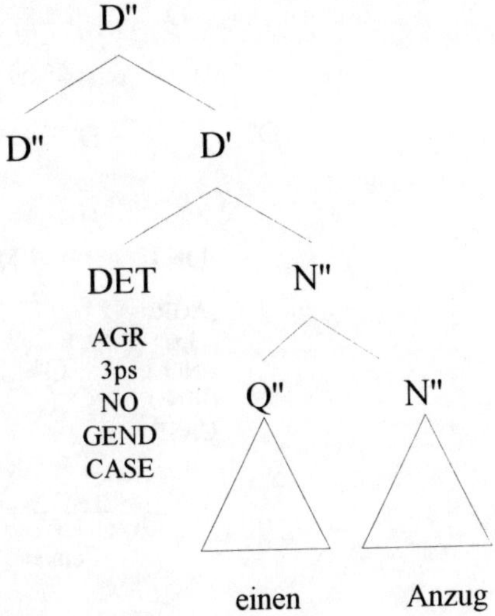

Abb. 3.7

Bei NP-Aufspaltung ist in (3-33) und (3-34) somit nicht ein Kern-Nomen aus der komplexeren Struktur heraus ins Vorfeld bewegt worden, sondern eine N''-Projektion. Diese hinterläßt unter dem entsprechenden Knoten in der Determiansphrase eine Spur t, wie die Abbildungen 3.6' und 3.7' verdeutlichen.

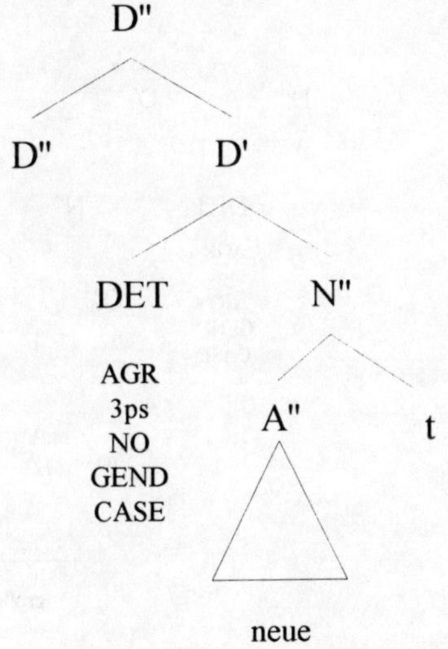

Abb. 3.6'

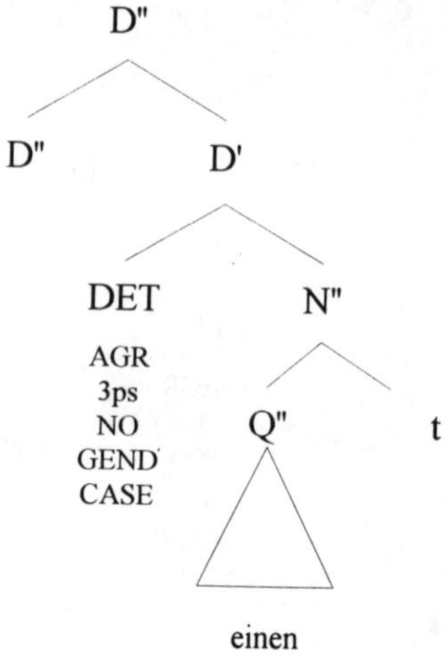

Abb. 3.7'

(3-35) unterscheidet sich von den beiden obigen Beispielen dadurch, daß die D"-Phrase im Mittelfeld komplexer ist als die in (3-33) und (3-34), denn sie enthält sowohl eine Q"-Projektion als eine A"-Projektion, vgl. Abb. 3.8: Extrahiert wird hier wiederum die unterste N"-Projektion (*Lampe*).

(3-35) *Lampe* hab' ich selbst *'ne große* hier.

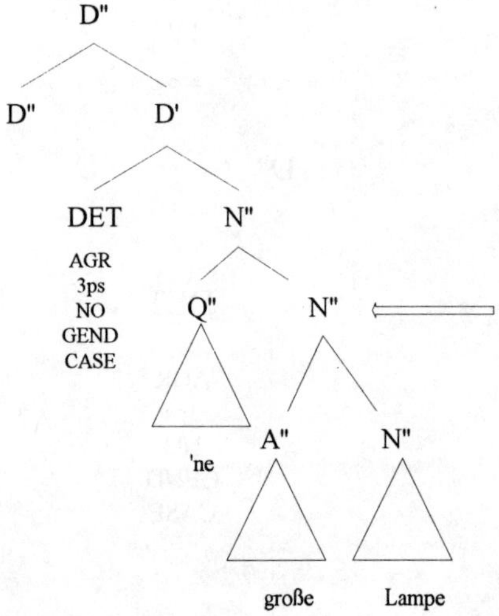

Abb. 3.8

In (3-36) und (3-37) ist jeweils eine komplexere Nominalphrase (i.e. eine "höherstufige" N"-Projektion), bestehend aus A"+N", ins Vorfeld verschoben:

(3-36) *Herausragende Leistungen* gab es *etliche*.
(ZDF, Rückblick zur Olympiade in Moskau, 20.12.80, 22.20 Uhr)

(3-37) *Konkrete Ergebnisse* können wir *keine* nennen.
(ZDF, Aktenzeichen XY ungelöst, 13.11.81, 23.15 Uhr)

Abbildung 3.9 zeigt die Ausgangsstruktur, die für beide Beispiele identisch ist:

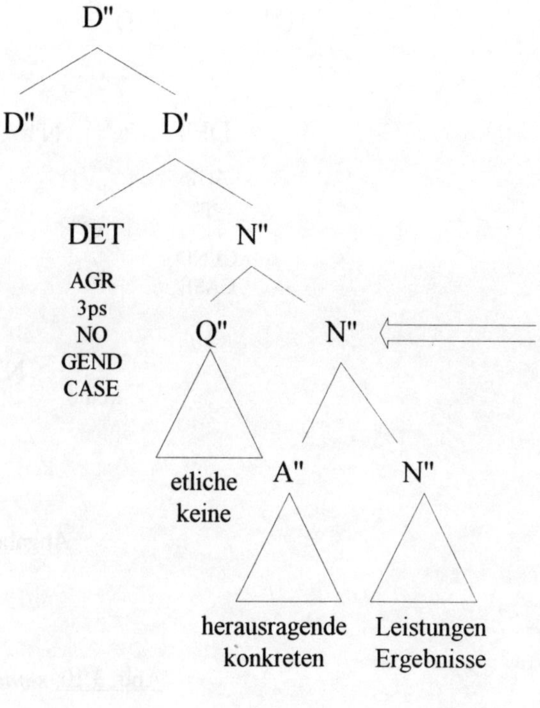

Abb. 3.9: *etliche herausragende Leistungen/ keine konkreten Ergebnisse*

Auch in (3-38) befindet sich eine komplexe Nominalphrase im Vorfeld, und zwar eine N"-Projektion, die N"+P" dominiert. Die Präpositionalphrase *über Zahlen* bildet in diesem Falle ein Komplement mit restriktiver Lesart zu *Angaben*, vgl. Abb. 3.10.

(3-38) *Angaben über Zahlen* kann ich natürlich *keine* machen.
(ZDF, W. Söllner, 27.12.89, ca. 20.30 Uhr)

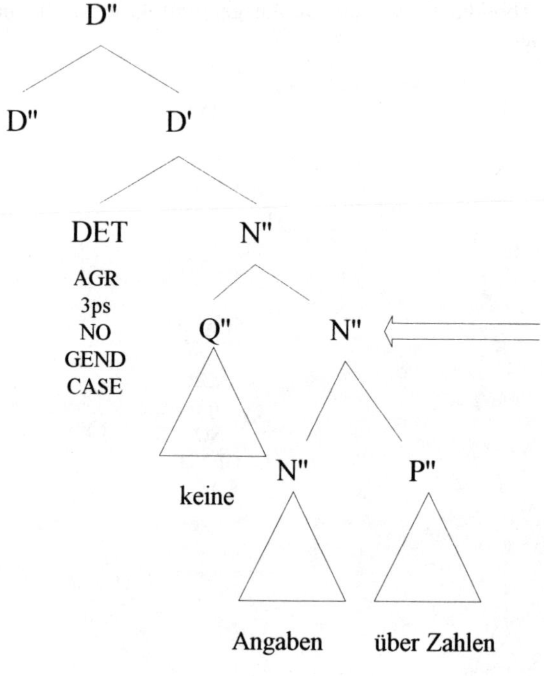

Abb. 3.10: *keine Angaben über Zahlen*

In (3-39) ist ein indirekter Fragesatz, der ein Komplement von N" bildet, mit seinem Bezugsnomen ins Vorfeld bewegt, vgl. Abb. 3.11.:

(3-39) *Zweifel, ob sich die bosnischen Serben dem NATO-Ultimatum beugen würden*, bestanden gestern abend *erhebliche*.

(ARD Tagesthemen, 20.02.94, 22.50 Uhr)

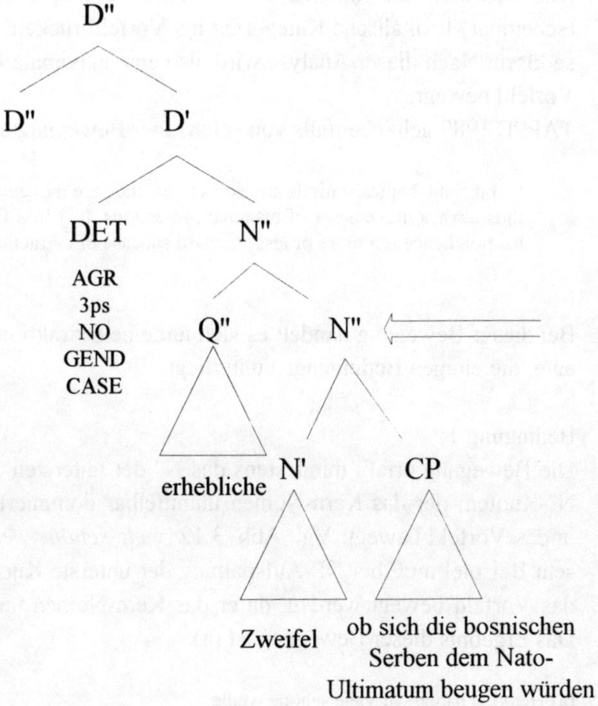

<u>Abb. 3.11</u>: *erhebliche Zweifel, ob sich ...*

In den Beispielen (3-33) - (3-39) ist also jeweils ein N" bewegt worden. NP-Aufspaltung kann somit wie folgt beschrieben werden:

NP-Aufspaltung bezeichnet die Bewegung eines N" aus einem D" in das Vorfeld/ die SpecCP-Position des Satzes.

Das bedeutet: Im Rahmen der DP-Analyse läßt sich das Problem, daß (scheinbar) lexikalische Kategorien ins Vorfeld rücken[43], zumindest teilweise lösen. Nach dieser Analyse wird also eine maximale Projektion von N ins Vorfeld bewegt.
TAPPE 1989 geht ebenfalls von solch einer Bewegung aus:

> (...) if Split Topicalizations are extractions, they are movements of NPs out of DPs, thus always movements of maximal projections. (...) In a DP-theory Split Topicalization hence is a more or less standard subcase of extraction.
>
> (TAPPE 1989, 166)

Bei dieser Bewegung handelt es sich um eine Extraktion aus einer Konstituente, die einigen Bedingungen unterliegt:

Bedingung 1:
Die Bewegung erfaßt mindestens das N" der untersten Stufe; d.h. derjenige N"-Knoten, der das Kern-Nomen unmittelbar dominiert, wird obligatorisch in das Vorfeld bewegt. Vgl. Abb. 3.12: *viele schöne weiße Hemden*. In diesem Beispiel muß bei NP-Aufspaltung der unterste Knoten N" (*Hemden*) in das Vorfeld bewegt werden, da er das Kern-Nomen unmittelbar dominiert. Das Ergebnis dieser Bewegung ist (a):

(a) Hemden haben wir viele schöne weiße.

43 DÜRSCHEID 1989, 80ff stellt ein ähnliches Problem mit infiniten Verben im Vorfeld dar, das durch eine X-bar-theoretische Strukturierung des Verbalkomplexes gelöst werden kann.

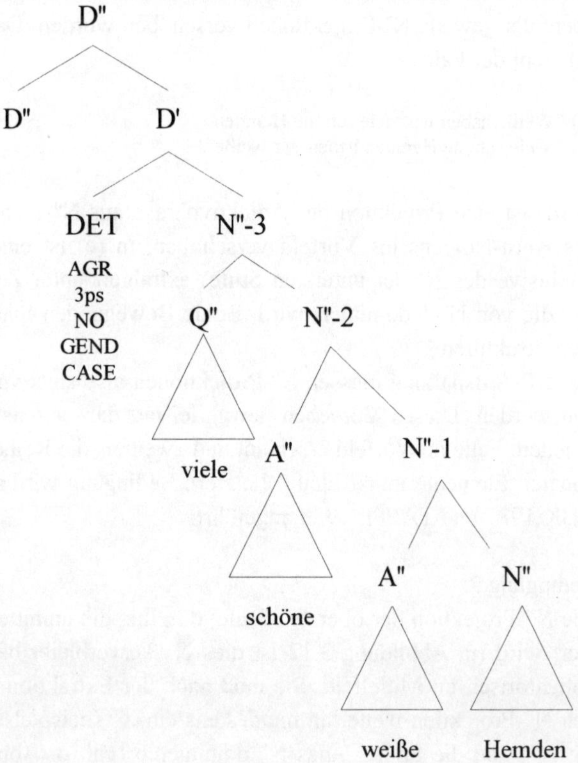

Abb. 3.12

Verschoben werden kann aber auch der Knoten N"-1, der ein A" und ein N" dominiert (*weiße Hemden*); das Ergebnis lautet dann (b):

(b) Weiße Hemden haben wir viele schöne.

Die Bewegung von N"-2 ins Vorfeld resultiert entsprechend in (c):

(c) Schöne weiße Hemden haben wir viele.

Bei den Bewegungen (a) - (c) sind, wie in den vorangegangenen Beispielen ebenfalls, jeweils N"-Projektionen verschoben worden. Das ist in (d) und in (e) nicht der Fall:

(d) *Weiße haben wir viele schöne Hemden.
(e) *Viele schöne Hemden haben wir weiße.

In (d) ist eine Projektion der Adjektivphrase aus N"-1 unter Zurücklassung des Kern-Nomens ins Vorfeld verschoben; in (e) ist eine N"-3-Projektion (inklusive des N" der untersten Stufe) extrahiert unter Zurücklassung einer A", die von N"-1 dominiert wird. Beide Bewegungen führen zu unakzeptablen Strukturen.
Bei NP-Aufspaltung müssen N"-Projektionen also stets vollständig verschoben werden. Dieses Vorgehen gewährleistet, daß erstens das Kern-Nomen in jedem Falle im Vorfeld erscheint und zweitens die Reihenfolge der pränominalen Elemente intakt bleibt. Letztere Bedingung wird auch von RIEMSDIJK 1987 und TAPPE 1989 angeführt.

Bedingung 2:
Die N"-Projektion der obersten Stufe, d.h. die, die unmittelbar von D' dominiert wird (in Abbildung 3.12 ist dies N"-3), verbleibt bei NP-Aufspaltung obligatorisch im Mittelfeld. Sie muß nach der Extraktion einer tieferliegenden N"-Projektion weiterhin mindestens ein X" (beispielsweise ein Q" oder ein A") und die Spur t eines N" dominieren (vgl. o. Abbildungen 3.6' und 3.7'). Gleichzeitig ist DET hier in der Regel lexikalisch nicht realisiert.

Es gibt jedoch Fälle, in denen N"-Projektionen, die unmittelbar von D' dominiert werden, ins Vorfeld verschoben werden, während im Mittelfeld (das von D' dominierte) DET und die N"-Spur verbleiben. DET ist hierbei allerdings nicht leer. FEHLISCH 1986, 109 weist darauf hin, daß

> Determinantien ... Distanzstellung zu ihrer Bezugs-NP einnehmen (können). Die einzige Voraussetzung ist ein (zumindest impliziter) kontrastiver Verwendungszusammenhang und für die Demonstrativa und den bestimmten Artikel zusätzlich eine deiktische Verwendung:
> (111) A zu B: Hol mir mal die blauen Socken!
> B bringt graue Socken: Socken waren nur *die/diese* im Schrank, aber keine blauen.
> (112) A: Leihst du mir mal 'nen roten Buntstift?

B hält ihm einen grünen hin: Hab' ich nicht, Buntstift kann ich dir nur *den/diesen* geben.

(113) Ich habe euch die Getränke spendiert, Pizza bezahle ich nur *meine*!

In FEHLISCHs Beispielsätzen ist das jeweilige Determinans (bzw. Possessivpronomen) nicht allein kontrastiv oder deiktisch verwendet, sondern auch mit einer nachdrücklichen Einschränkung (*nur den/ die/diese(n)/meine*) verbunden.

Wenn ein pränominaler Genitiv in der Spezifizierer-Position von D" (der obersten Stufe) steht, dann wird die NP-Aufspaltung blockiert; vgl. (3-40) und (3-41):

(3-40)(a) Es passen *Sabines vier Kinder* auf den Rücksitz.
(3-40)(b) **Kinder* passen *Sabines vier* auf den Rücksitz.

(3-41)(a) Gestern sind *Paul Königs viele Scheinfirmen* aufgeflogen.
(3-41)(b) **Scheinfirmen* sind gestern *Paul Königs viele* aufgeflogen.

Bedingung 3:
Während A" und Q", die mit einem ins Vorfeld bewegten N" ko-indiziert sind, im Mittelfeld (unter D') verbleiben können bzw. müssen, werden Komplemente (in restriktiver Lesart) der zu extrahierenden N" (P", CP, D") mit ins Vorfeld bewegt (vgl. nochmals 3-39):

(3-39) *Zweifel, ob sich die bosnischen Serben dem NATO-Ultimatum beugen würden*, haben gestern abend *erhebliche* bestanden.

Komplemente können allerdings durch Ausklammerung ins Nachfeld (mit Ausnahme von D"-Komplementen) rücken, wobei das Nachfeld in Beispiel (3-39) die Position rechts vom infiniten Verbteil darstellt:

(3-39') *Zweifel* haben gestern abend *erhebliche* bestanden, *ob sich die bosnischen Serben dem NATO-Ultimatum beugen würden*.

Ein Komplement in restriktiver Lesart kann keinesfalls im Mittelfeld verbleiben, wie (3-39") verdeutlicht:

(3-39") **Zweifel* haben gestern abend *erhebliche, ob sich die bosnischen Serben dem NATO-Ultimatum beugen würden*, bestanden.

Diese Beobachtungen machen deutlich, daß die in der Vergangenheit üblichen Termini für diese Konstruktion inadäquat sind: "Quantorenfloating" (LINK 1974, VATER 1980, KNIFFKA 1986 u.a.) trifft für diese Analyse nicht zu, da nicht Quantoren (oder Adjektive oder Maßangaben) bewegt werden, sondern ein N". Der jeweilige Quantor bleibt - mit dem D", in dem er von einer Q" dominiert wird - im Mittelfeld.

Die in den oben angegebenen Arbeiten untersuchten Daten zu *alle* und *beide* lassen sich mit dem Begriff "Quantorenfloating" insofern beschreiben, als tatsächlich der jeweilige Quantor bewegt wird, während die ko-indizierte NP - bzw. nach neueren Auffassungen die DP - in ihrer Position verbleibt. Vgl. (3-43):

(3-43)(a) Otto hat *alle die Blumen* gestern gegossen.
(3-43)(b) Otto hat *die Blumen alle* gestern gegossen.
(3-43)(c) Otto hat *die Blumen* gestern *alle* gegossen.
(3-43)(d) *Alle* hat Otto *die Blumen* gestern gegossen.

Im Unterschied zur NP-Aufspaltung muß die Bezugs-DP zu <u>all-</u> beim "echten" Quantorenfloating das Merkmal [+definit] enthalten:

(3-43)(a') Otto hat *alle Blumen* gestern gegossen.
(3-43)(b') *Otto hat *Blumen alle* gestern gegossen.
(3-43)(c') *Otto hat *Blumen* gestern *alle* gegossen.
(3-43)(d') **Alle* hat Otto *Blumen* gestern gegossen.

Die frühere Bezeichnung "Distanzstellung zu einer indefiniten NP" erfaßt (a) das Phänomen der Bewegung aus einer DP und (b) die obligatorische Involvierung des Vorfeldes bzw. der SpecCP-Position nicht adäquat.

Der Begriff "NP-Aufspaltung" trifft den beschriebenen Sachverhalt im Grunde auch nicht exakt: Es handelt sich, genau besehen, um eine Abspaltung und nicht um eine Aufspaltung: "NP-Abspaltung" würde soviel wie 'Trennung einer NP von einem (weiterhin bestehenden) Satzglied' bedeuten. Unter der vorangegangenen Analyse müßte es, wenn 'Aufspaltung' erhalten bleiben soll, eigentlich 'DP-Aufspaltung' heißen.

Ich möchte trotzdem den Begriff 'NP-Aufspaltung' beibehalten, da er sich in der Literatur zur Beschreibung der auch hier untersuchten Daten eingebürgert hat. Allerdings möchte ich den Begriff im oben definierten Sinne - speziell als die Bewegung von N" aus einer DP heraus verstehen.

3.3 Elliptische NP-Aufspaltung

In spontan gesprochener Alltagskommunikation findet sich häufig eine elliptische Variante der NP-Aufspaltung. In diesen Fällen ist die ins Vorfeld verschobene Teilkette phonologisch nicht realisiert. Ich folge in dieser Annahme KLEIN 1993, der Ellipse wie folgt definiert:

> Die Ellipse ist eine Regel, die unter bestimmten Bedingungen einen Teil der dem Lexikon entstammten phonologischen Information wegläßt, während der übrige Teil der lexikalischen Information unberührt bleibt. Es handelt sich daher nicht um eine syntaktische Regel: Es werden nicht bestimmte Konstituenten weggelassen oder hinzugefügt; die syntaktische Struktur, soweit sie sich aus den lexikalischen Eigenschaften ergibt, bleibt von der Ellipse gänzlich unberührt. Ich werde, um dies deutlich zu machen, (...) sagen, daß eine bestimmte Struktur "p-reduziert" ist. (...) Nach dieser Vorstellung ist die Ellipse also ein relativ oberflächlicher Prozeß, bei dem die Syntax und Semantik im Grunde gar nicht berührt werden; es wird lediglich ein Teil der gesamten lexikalischen Information - die phonologische - unter bestimmten Umständen nicht explizit gemacht.
>
> (KLEIN 1993, 790)

Betrachten wir nun die Äußerungen *Hab' ich keinen* und *Hab i' koane* in den Beispielen (3-44) und (3-45):

(3-44) A: Man muß natürlich Opfer bringen, finanzielle. Aber Geld allein genügt nicht. Es sollte etwas sein, woran du hängst. Schmuck zum Beispiel.
B: *Hab'* ich *keinen*.
(Fernsehgespräch/Feature, ZDF 12.02.90, 21.00 Uhr)

(3-45) Heiko fragt nach Namen und Adresse, trägt beides in ein Kärtchen ein und erkundigt sich nach der privaten Unfallschutzversicherung. "*Hab* i' *koane*", sagt der junge Mann.
(Leeb, "Die schnelle Mark", in: Brigitte 15/88 vom 13.7.88, S.125)

In beiden Fällen befindet sich im Vorfeld jeweils eine "Lücke", wie aus (3-44)(a) und (3-45)(a) deutlich wird, wo das ausgelassene Element durch Kapitälchen dargestellt ist. Die phonetische Realisierung von *Schmuck* bzw. *Unfallversicherung* in (3-44)(a) und (3-45)(a) ergäbe jeweils einen grammatisch richtigen Satz.[44]

(3-44)(a) SCHMUCK hab' ich keinen.

(3-45)(a) UNFALLSCHUTZVERSICHERUNG hab' i koane.

Die "Lücken" in (3-44)(a) und (3-45)(a) können aufgrund des vorausgehenden sprachlichen Kontextes interpretiert werden, d.h. es handelt sich hier um "kontextkontrollierte Ellipsen" (KLEIN 1993); genauer: um "Vorwärtsellipsen". Diese sind u.a. dadurch gekennzeichnet, daß "die ausgelassene Information bei der 'Lücke' bereits kontextuell verfügbar ist" (KLEIN 1993, 773).

In (3-44)(a) *Hab ich keinen* beispielsweise meint Gesprächspartner/in B, daß er/sie keinen *Schmuck* hat. SCHMUCK ist aus der vorangehenden (Teil)Äußerung *Schmuck, zum Beispiel* rekonstruierbar. Ähnlich ist Beispiel (3-45) zu beschreiben.

Kennzeichnend für Ellipse bei aufgespaltenen Nominalphrasen ist auch, daß Ellipse und das sie kontrollierende Nomen jeweils in zwei verschiedenen, unmittelbar aufeinanderfolgenden Äußerungen stehen. Dabei findet stets ein Sprecherwechsel statt. Dieser Typ von (Vorwärts)ellipse wird als 'Adjazenzellipse' bezeichnet.

> In diesem Fall bilden kontrollierender Ausdruck und elliptischer zwei selbständige aber eng zusammengehörige Äußerungen. Vier solcher "adjacency pairs" sind besonders wichtig:
>
> - Frage-Antwort-Folgen: *Wer schlug wen wo? - Alexander die Perser bei Issos.*
> - Teilweise Korrekturen: *Otto hat hundert Mark gewonnen. - (Nein,) Peter tausend verloren.*

44 Dies wäre nicht der Fall, nähme man an, daß sich die "Lücken" - im Kontext dieser beiden Beispiele(!) - im Mittelfeld befinden, wie die ungrammatischen (b)-Varianten zeigen: (3-44)(b) *Hab' ich keinen SCHMUCK. (3-45)(b) *Hab' i koane UNFALLSCHUTZVERSICHERUNG.

- Teilweise Bestätigungen: *Otto hat im Lotto gewonnen. - (Ja,) fast eine Million.*
- Parallele Fortführungen: *Ich komme heute abend. - Ich auch. - Ich nicht.*

(KLEIN 1993, 768)

Mit *Hab' ich keinen* in (3-44) wird eine Korrektur der vorangegangenen Äußerung vorgenommen, in welcher implizit unterstellt wird, daß Gesprächspartner/in B Schmuck besitzt. (3-45) repräsentiert einen Typ von Frage-Antwort-Folge, wenngleich die Frage im vorangehenden Text lediglich in Form einer Redewiedergabe vorliegt[45].

Wie ein Blick auf das Datenkorpus zeigt, erscheint NP-Aufspaltung sehr häufig im Rahmen von Adjazenzpaaren, die "ein besonders reiches Spektrum vorausgehender Kontexte" (KLEIN 1993, 790) liefern, welche wiederum ideale Voraussetzungen für P-Reduktionen bieten. Ellipsen bei NP-Aufspaltung sind somit keineswegs selten. Nach meinen bisherigen Beobachtungen scheint es sich um Vorwärtsellipsen zu handeln, wobei stets das ins Vorfeld verschobene Nomen p-reduziert wird. Vgl. (3-46) (a) - (c), wo verschiedene Fortführungen gegeben werden. Die ausgelassenen Elemente sind wiederum durch Kapitälchen markiert:

(3-46) A: Bringst du noch *weiße Servietten* mit?

(a) B: (WEIßE) SERVIETTEN Hab ich *keine*. Ich hab nur hellblaue Servietten.
(b) B: *Weiße* SERVIETTEN hab ich *keine*. Ich hab nur hellblaue Servietten.
(c) B: *WEIßE *Servietten* hab ich *keine*. Ich hab nur hellblaue Servietten.

In (a) sind Nomen und Adjektiv p-reduziert, in (b) das Nomen, in (c) das Adjektiv; (c) bildet keine mögliche Fortführung zur Frage *Bringst du noch weiße Servietten mit*. Hier ist die Bedingung für Vorwärtsellipsen verletzt:

> Genau jene lexikalischen Einheiten, die eine beibehaltene Topik ausdrücken, können p-reduziert werden. Es ist (...) zu beachten, daß es nicht darauf ankommt, daß derselbe Topikausdruck in Frage und Antwort vorkommt. Entscheidend ist vielmehr, daß der Topikausdruck der Antwort die mit der Frage gegebene Topik beibehält. (...) Was beibehalten wird und was als Topikausdruck zählt, hängt von verschiedenen Faktoren ab (...).
>
> (KLEIN 1993, 791; 797)

45 Vgl. Kap. 4.3.

So kann man *weiße Servietten* in Frage (3-46) als Einheit auffassen und in der nachfolgenden Antwort (a) als beibehaltene Topik p-reduzieren. In Antwort (b) bildet lediglich *Servietten* die beibehaltene Topik; *weiße* und *hellblaue* werden als Gegensatzpaar aufgebaut und erhalten Kontrastbetonung. Es liegt auf der Hand, daß *weiß-* in (c) allein nicht p-reduziert werden kann, da *Servietten* in diesem Kontext die beibehaltene Topik ausdrückt.

Auf die Topik-Fokus-Problematik wird in Kapitel 5 näher eingegangen. Hier sei lediglich festgehalten, daß Ellipse bei NP-Aufspaltung offensichtlich dann möglich ist, wenn die ins Vorfeld verschobene N-Projektion ein Topik-Ausdruck und somit p-reduzierbar ist. Dies scheint nach bisheriger Beobachtung vor allem in den Fällen vorzuliegen, in denen NP-Aufspaltung im zweiten Teil eines Adjazenzpaares erscheint.

3.4 Ausblick: NP-Aufspaltung und verwandte Konstruktionen

Im Deutschen gibt es verschiedene Formen von "Herausstellung" - NP-Aufspaltung ist eine von ihnen.[46] Es bedarf einer gesonderten Untersuchung, die Gemeinsamkeiten und Unterschiede zwischen NP-Aufspaltung und ihr verwandten Konstruktionen zu analysieren. An dieser Stelle mögen einige knappe Hinweise genügen.

Mehrfach erwähnt (in 1.1 und 3.2) wurde bereits das sog. "Quantorenfloating" (QF), zu dem in früheren Arbeiten auch NP-Aufspaltungsdaten gerechnet wurden. Wie oben bereits erwähnt, handelt es sich bei QF um die Bewegung einer QP (*all-/beid-*), während NP-Aufspaltung die Bewegung einer N"-Phrase involviert. Die beiden Konstruktionen unterscheiden sich überdies darin, daß die bewegte Phrase einmal (bei QF) unterschiedliche Positionen im Satz einnehmen kann, im anderen Fall in das Vorfeld bzw. SpecCP-Position bewegt werden muß.

GRIMM/GRIMM 1873, SANDERS 1895 und auch PAUL 1919 führen die Konstruktion der NP-Aufspaltung auf einen Genitivus partitivus zurück (vgl.

46 Einen detaillierten Überblick gibt Altmann 1981.

Kap.2.1). Auch heute finden sich - vereinzelt - partitive Genitive in der SpecCP-Position statt etwa eines Akkusativs, vgl. (3-46) und (3-47):

(3-46) A: Weißt du eigentlich, warum gerade du das Opfer von Neofaschisten geworden bist?
B: Naja, *der Theorien* gibt's *viele* ...
(H. Zilk, ehem. Bürgermeister von Wien, ARD 14.9.94, 23.20 Uhr)

(3-47) "Wasser hat keine Balken" - getreu diesem Motto begegnet der Normalbürger aus dem Binnenland der Seefahrt überwiegend mit starkem Mißtrauen. Doch das stellt sich in vielen Fällen als vollkommen unbegründet heraus.
Der Vorurteile gibt es *viele*: An vorderster Stelle steht wohl noch immer die Angst vor Seekrankheit.
(Kölner Stadtanzeiger vom 2.2.94, S.44)

In diesen Sätzen ist keine NP (kein N") abgespalten, sondern eine DP (= D"). Folgt man LÖBEL 1989, die in ihrer Analyse Q als funktionale Kategorie ansieht und den Status eines syntaktischen Kopfes zuweist, so muß für (3-46) und (3-47) angenommen werden, daß die DP aus der Quantifizierer-Phrase extrahiert worden ist. Für diese Analyse spricht u.a., daß die Genitiv-DP ihren Kasus nicht von der übergeordneten Determinans-Phrase zugewiesen bekommen haben kann: In beiden Beispielen wird jeweils Akkusativ zugewiesen.

Der partitive Genitiv in der Vorfeld-Position kann auch pronominalisiert werden, beispielsweise in Einschüben, vgl. (3-48):

(3-48) Die Menschen in Panama sind froh, daß sie Noriega los sind. (...) Der Grund ist die Wirtschaftsblockade durch die USA, die die Bevölkerung hart zu spüren bekam. Die Arbeitslosen - und derer gibt es viele - ...
(ARD Tagesthemen, o.Datum)

Derer steht in diesem Beispiel für *der Arbeitslosen*, vgl. (3-48'):

(3-48') Die Arbeitslosen - und *der Arbeitslosen* gibt es *viele* - ....

Mit der Partitiv-Konstruktion verwandt ist die Konstruktion *an* $+N_{Dat}$, in der die Präpositionalphrase sich auf eine unbestimmte Menge bezieht; vgl. (3-49):

(3-49) A: Was haben Sie denn noch an Brot da?
B: *An Brot* habe ich nur noch *dieses vollwertige* da.

Im Gegensatz zu NP-Aufspaltung und zu den oben genannten Partitiv-Konstruktionen liegt in (3-49) eine Ellipse vor, vgl. (3-49'):

(3-49') *An Brot* habe ich nur noch *dieses vollwertige* [BROT] da.

Überdies können die Elemente *an Brot* und *dieses vollwertige* nicht eine einzige Konstituente bilden, vgl. (3-49"):

(3-49") *Ich habe nur noch *dieses vollwertige* [BROT] *an Brot* da.

Deutlicher wird dies an Beispielen wie (3-50) und (3-51), wo keine Ellipse vorliegt:

(3-50) An Sport sehe ich Turnen am häufigsten.

(3-51) An Obst mag ich Mandarinen am liebsten.

In Kapitel 2.2.1 wurde eine weitere Konstruktion erwähnt, die der NP-Aufspaltung ähnelt: die Linksversetzung. Letztere unterscheidet sich von ersterer dadurch, daß die entsprechenden bewegten Elemente links von der COMP-Position stehen; (vgl. (3-52) (=2-27), eine Linksversetzung gegenüber (3-53)(=2-28)), einer NP-Aufspaltung:

(3-52) Den VW, den kann sich ja jeder leisten.
|
SpecCP

(3-53) VW kann ich mir keinen leisten.
|
SpecCP

Der NP-Aufspaltung sehr ähnlich ist die folgende Struktur[47]:

(3-54) *Bücher gelesen* habe ich schon *viele*.

47 Das Beispiel entstammt DÜRSCHEID 1989, 132.

Hier findet sich neben der abgespaltenen Nominalphrase *Bücher* das infinite Verb *gelesen,* ein Partizip Perfekt, in der Vorfeld-Position. Das gleiche strukturelle Muster liegt in (3-55) und (3-56)[48] vor, jedoch erscheinen mir die Sätze weniger akzeptabel als (3-54):

(3-55) ?*Enttäuschungen gehabt* hab' ich schon *einige*.

(3-56) ?*Anzeichen für eine Brandstiftung gegeben* hat es *keine*.

Möglicherweise spielen hier die semantischen Beziehungen zwischen dem (partizipialen) Verb und dem Argument eine Rolle. Auch scheinen nicht beliebige infinite Verbformen mit ins Vorfeld verschiebbar zu sein. In (3-57) und (3-58) handelt es sich um einen Infinitiv im Vorfeld, die Flexionsmerkmale trägt jeweils ein Modalverb:

(3-57) **Sprudel holen* muß ich morgen *neuen*.

(3-58) **Gewitter geben* wird es heute *keines*.

Neben einer syntaktischen Beschreibung dieser Konstruktion und der damit verbundenen Betrachtung von Einzelsätzen erscheint es mir notwendig, den Äußerungskontext hinzuzuziehen und zu untersuchen, ob nicht andere Beschränkungen (etwa "Topik-Beibehaltung", vgl. Kap. 3.3 und Kap.5) vorliegen.

Ich möchte es im Rahmen dieser Arbeit bei diesen wenigen Hinweisen belassen. Der Vergleich von NP-Aufspaltung mit anderen Strukturen bedarf einer gesonderten Untersuchung.

Die in Kapitel 3 diskutierten Daten machen, vereinfachend bilanziert, eines deutlich: NP-Aufspaltung ist ein syntaktisches Phänomen, das sich im Rahmen der Syntax-Theorie und allein als Phänomen der Sprachstruktur nicht adäquat beschreiben und erklären läßt. Semanto-pragmatische Bedingtheiten und strukturelle Bedingtheiten der Performanzebene sind als eigentliche Erklärungsfaktoren in Rechnung zu stellen. Dem soll das nächste Kapitel nachgehen.

48 Die Beispiele (3-52) - (3-55) sind Varianten von Belegen aus dem Datenkorpus, vgl. Anhang.

4. NP-Aufspaltung - ein Merkmal für Mündlichkeit/Oralität

Die Konstruktion NP-Aufspaltung findet sich den untersuchten Daten zufolge überwiegend in gesprochenen Texten. Die Beleg-Beispiele im Datenkorpus repräsentieren ein breites Spektrum an gesprochenen Texten, von Alltagsgesprächen über diverse Genres von Sprechbeiträgen in Radio und Fernsehen bis zu sprachlich wohlkalkulierten Werbetexten. Gleichwohl scheint es "Lücken" zu geben: Bei den Recherchen zu dieser Arbeit fand sich kein Beleg für NP-Aufspaltung in akademischen Vorlesungen, Presseerklärungen, offiziellen Ansprachen oder Produktpräsentationen - allesamt ebenfalls Genres der gesprochenen Sprache.

Andererseits tritt die Konstruktion in unterschiedlichen geschriebenen Texten auf, in fiktionalen Texten, Werbetexten, Zeitungsartikeln usw. Sie fehlt augenscheinlich in wissenschaftlichen Abhandlungen, naturwissenschaftlich-technisch ausgerichteten Fachtexten u.dergl.
Wie ist diese (komplementäre?) Verteilung der Konstruktion über unterschiedliche Textgenres zu erklären? Bevor auf diese Frage näher eingegangen werden kann, ist es erforderlich, einige grundsätzliche Annahmen über gesprochene und geschriebene Sprache zu erläutern.

4.1 Gesprochene und geschriebene Sprache

Das Problem der Mündlichkeit/Schriftlichkeit ist in der linguistischen Literatur, insbesondere der angelsächsischen, in den letzten 25 Jahren vielfach erörtert worden[49]. Eine der umfangreichsten neueren Arbeiten zu diesem Thema bildet BIBER 1988, Variation across speech and writing. Ziel seiner empirischen Untersuchung ist die systematische Beschreibung der sprachlichen Merkmale (englischer) Textgenres. BIBER untersucht unter Anwendung quantitativer Methoden 23 Genres auf ihre sprachlichen Merkmale hin.

49 Den aktuellen Stand der Forschung aus diesem Bereich hier darzustellen, würde vom eigentlichen Thema dieser Untersuchung zu weit wegführen. Es sei auf folgende Literatur verwiesen: BIBER 1988, Part I. SINCLAIR, J./M. HOEY/G. FOX (eds.), 1993.

Dabei werden Bündel von sprachlichen Merkmalen, die in Texten kookkurrieren, zusammengefaßt; sie markieren jeweils bestimmte zugrundeliegende Funktionen. Diese Merkmalsbündel nennt BIBER 'dimensions of linguistic variation'[50]. Er unterscheidet sechs solcher Variationsparameter, von denen drei zur Unterscheidung schriftlicher und mündlicher Genres relevant sind:

- Dimension 1: Involved versus Informational Production
- Dimension 3: Explicit versus Situation-Dependent Reference
- Dimension 5: Abstract Information

Nach BIBERs Analyse gibt es keine absolute Unterscheidung zwischen gesprochenen und geschriebenen Genres: "... no dimension defines an absolute spoken/written distinction." (BIBER 1988, 161)[51]. Auf allen dimensionalen Parametern kommen mündliche wie schriftliche Textsorten vor, aber die o.g. Dimensionen 1, 3 und 5 charakterisieren zusammengenommen am ehesten Mündlichkeit/Schriftlichkeit im traditionellen Sinne. Mündliche und schriftliche Texte (Oralität vs. Literalität) sind hier aber als multi-dimensionale Konstrukte zu verstehen.

Dimension 1 'Informational versus Involved Production': Auf der 'informationellen' Seite dieser (Frequenz)Skala sind u.a. Nomen, relativ längere Wörter, Präpositionalphrasen und attributive Adjektive als Merkmale verzeichnet.

---

50 ... the notion of dimension developed here has three distinctive characteristics: (1) no single dimension will be adequate in itself to account for the range of linguistic variation in language; rather, a multi-dimensional analysis is required; (2) dimensions are continuous scales of variation rather than dichotomous poles; and (3) the co-occurrence patterns underlying dimensions are identified empirically rather than being proposed on an a priori functional basis. (BIBER 1988, 24)

51 This lack of absolute difference between speech and writing shows that it is possible, within each mode, to override the salient situational characteristics of the mode. Speakers typically share space, time, and high amounts of knowledge with listeners, and they are typically constrained by real-time production considerations, but none of these characteristics prohibits production of dense, elaborated, or abstract discourse. Similarly, writing is well-suited to highly informational communicative tasks, because of production and comprehension advantages of writers and readers over speakers and listeners, and it is not well suited to interactional, attitudinal, or other involved purposes, because reader and writer do not typically share space, time, or intimate knowledge; but none of these characteristics require writing to be highly integrated and informational.

(BIBER 1988, 161)

> High frequencies of all these features can be associated with a high informational focus and a careful integration of information in a text. Nouns are the primary bearers of referential meaning in a text, and a high frequency of nouns thus indicates great density of information. Prepositional phrases also serve to integrate high amounts of information into a text. Word length and type/token ratio similarly mark high density of information, but they further mark very precise lexical choice resulting in an exact presentation of informational content. A high type/token ratio results from the use of many different lexical items in a text, and this more varied vocabulary reflects extensive use of words that have very specific meanings.
>
> (BIBER 1988, 104)

Diese Merkmale werden verwendet, um ein hohes Maß an Information in einen Text zu integrieren. Sie werden außerdem mit Kommunikationssituationen assoziiert, in denen der Schwerpunkt auf der Vermittlung von Information liegt und die sorgfältige Formulierungsmöglichkeiten, präzise Wortwahl und integrierte Textstruktur, d.h. strukturelle Komplexität, erlauben. Daher sind in diesem Bereich der Dimension 1 u.a. offizielle Dokumente, akademische Texte, Presseberichte angesiedelt.

Auf der anderen Seite zeichnet sich die engagierte ('involved') Produktion dadurch aus, daß der Sprecher/Schreiber primär eine interaktive, affektive Absicht hat. Die Produktionsumstände stellen hohe Anforderungen an Sprecher und Hörer, was zur Folge hat, daß vorwiegend allgemeine, i.e. weniger spezifische Lexik eingesetzt wird und geringere Informationsdichte vorliegt.

> Discourse produced under real-time conditions will be constrained in its lexical precision and informational density; it is therefore not surprising that such discourse is associated with non-informational purposes.
>
> (BIBER 1988, 108)

GRIMM/ENGELKAMP 1981 stellen in diesem Zusammenhang für die Rezeptionsseite fest:

> Beim Lesen liegen die Elemente simultan vor und die Reizfigur ist beständig. Der auditive Eindruck ist dagegen wegen seines zeitlich sequentiellen Charakters ein flüchtiger. (...) Beständigkeit bzw. Flüchtigkeit des Reizeindrucks haben auch unterschiedliche Leistungsgrenzen beim Lesen und Hören zur Folge: Ein geübter Schnell-Leser vermag bis zu 2000 Wörter pro Minute zu verarbeiten. Selbst bei zeitlich verdichteter Sprache (...) können jedoch nicht mehr als maximal 400 Wörter pro Minute verstanden werden.
>
> (GRIMM/ENGELKAMP 1981, 149)

Das heißt, die beim Hören und Lesen jeweils ablaufenden sensorischen Verarbeitungsprozesse verlaufen nicht analog.
Typische Textsorten für die 'Involved Production' sind vor allem mündliche Genres, d.h. Telefongespräche, Alltagskonversation, zu einem gewissen Grade auch persönliche Briefe, spontane Reden und Interviews.

Die Dimension 3 'Explicit versus Situation-Dependent Reference' unterscheidet verschiedene Arten der Referenz, wobei 'Situation-Dependent Reference' vor allem durch temporale und lokale Deiktika markiert ist. Die Skalenseite 'Explizite Referenz' wird wiederum mit offiziellen Dokumenten, akademischen Texten und Presseberichten sowie mit Geschäftsbriefen belegt, während sich die 'Situationsabhängige Referenz' in Fernseh- und Radioübertragungen, Telefon- und Alltagsgesprächen, in persönlichen Briefen u.a. findet.

Die Dimension 5 'Abstract Information' grenzt Texte mit abstraktem Schwerpunkt von Texten mit nicht-abstraktem Schwerpunkt ab. Erstere zeigen eine deutlich verminderte Berücksichtigung des Agens, was u.a. durch die häufige Verwendung von Passivkonstruktionen deutlich wird. Auch hier werden die Skalenenden durch akademische Texte und offizielle Dokumente auf der einen (abstrakten) Seite und Telefon- und Alltagsgespräche auf der anderen (nicht-abstrakten) Seite belegt.

Betrachtet man mündliche und schriftliche Genres auf den Skalen dieser drei Dimensionsparameter, so lassen sich Mündlichkeit und Schriftlichkeit wie folgt charakterisieren: Oralität ist gekennzeichnet durch 'involved production', situationsabhängige Referenz und nicht-abstrakten Inhalt. Literalität zeichnet sich aus durch 'informational production', explizite Referenz und abstrakten fachlichen Inhalt. Anhand dieser Charakteristika läßt sich für jedes Genre/für jeden Text das Maß an Oralität bzw. Literalität bestimmen.

Unterschiede zwischen gesprochener und geschriebener Sprache lassen sich nach BIBER 1988 in der Breite des Spektrums der Formen feststellen, die in den beiden Modi Mündlichkeit/Schriftlichkeit jeweils Anwendung finden:

> Thus, with respect to all three of these dimensions, written exposition is considerably more literate than the most planned and informational forms of speech. On Dimension 1, the written expository genres have a greater informational density and

> more careful word choice than the most informational and carefully planned spoken genres. On Dimension 3, official documents and professional letters show a greater use of explicit reference than the informational speeches. On Dimension 5, none of the spoken genres are close to the written expository genres in their use of abstract information. (...) there is a difference in the range of forms used in speech and writing, with the most informational and formal written genres using a greater frequency of literate features than any of the spoken genres.
>
> (BIBER 1988, 163)

Daß alle mündlichen Genres weniger häufig Merkmale von Literalität (u.a. geringere strukturelle Komplexität, weniger präzise Wortwahl, geringere Informationsdichte) aufweisen als die genannten schriftlichen Genres an den oberen Skalenenden von Informationalität und Formalität, hängt, wie oben gesagt, mit der Produktionssituation mündlicher Texte zusammen[52]:

> This difference might be due in part to the different social norms of spoken and written genres, but it seems to be related primarily to the processing constraints of speech - to the fact that even the most carefully planned and informational spoken genres are produced and comprehended in real-time, setting a cognitive ceiling for the syntactic and lexical complexity typically found in these genres.
>
> (BIBER 1988, 163)

Gehört nun NP-Aufspaltung zu jenen sprachlichen Merkmalen, die - in ihrer Gesamtheit - Oralität markieren? In den Kapiteln 2 und 3 wurde NP-Aufspaltung unter strukturellen (syntaktischen) Aspekten betrachtet, wobei der Äußerungskontext mit all seinen Merkmalen außer acht gelassen wurde. Die mit NP-Aufspaltung kookkurrierenden sprachlichen Gegebenheiten sollen im folgenden Abschnitt diskutiert werden.

---

52 Vgl. auch BROWN/YULE 1983, 18: "The speaker planning in the here-and-now, possibly threatened with his interlocutor wanting to take a turn, typically repeats himself a good deal, using the same syntactic structure, the same lexical items, using the first word that comes to mind rather than hunting for the *mot juste*, filling in pauses with 'fillers'. The overall effect is of information produced in a much less dense manner than is characteristic of written language. We must assume that the density of information packing in spoken language is appropriate for the listener to process comfortably."

4.2 Sprachliche Phänomene, die mit NP-Aufspaltung kookkurrieren

Das Datenkorpus (235 Textbeispiele von NP-Aufspaltung in ihrem sprachlichen und situativen Kontext) wurde, u.a. mit Bezug auf BIBERs Analysekriterien Wortwahl, Informationsdichte, strukturelle Komplexität, unter folgenden Gesichtspunkten untersucht:

1. Mit/Bei welchen Verben kommt NP-Aufspaltung vor?
2. Wie ist das Mittelfeld strukturell gestaltet?
3. Wie komplex sind die aufgespaltenen Nominalphrasen bzw. deren Quell-DPs?

4.2.1 Verben und NP-Aufspaltung

In den 235 untersuchten Beispielen kommen insgesamt 45 verschiedene Verben vor, davon 36 nur ein einziges Mal, drei Verben je zweimal (*wechseln*, *führen*, *kriegen*), zwei Verben dreimal (*finden*, *sehen*), eins sechsmal (*machen*), eins 15mal (*sein*), eines 63mal (*haben*) und eins 99mal (*geben*). Das mit Abstand am häufigsten in Konstruktionen mit NP-Aufspaltung vorkommende Verb ist also *geben*: 42% aller Fälle enthalten dieses Verb, und zwar ausschließlich in der unpersönlichen Verwendungsform mit dem Satzsubjekt *es*. Das Akkusativ-Objekt ist in diesen Fällen jeweils gespalten. Genauer: Hier liegt eine Konstruktion des Typs 'X_1 ... gibt/gab es ... X_2' vor. Dabei bezeichnet X_1 die aus der DP in die erste Position verschobene NP und X_2 die im Mittelfeld verbleibende DP, die die Argumentposition zu *geben* besetzt.

SCHUMACHER 1986 führt *es gibt* in der Kategorie "Zustandsverben der allgemeinen Existenz" auf, zu denen auch *existieren* und *bestehen* zählen. Mit *es gibt* kann die Existenz sehr unterschiedlicher Entitäten ausgedrückt werden; außerdem

> (...) geht es nicht darum, ob etwas im philosophischen Sinne tatsächlich existiert, sondern darum, daß ein Sprecher mit diesen Verben behaupten kann, daß etwas existiert.
>
> (SCHUMACHER 1986, 71)

Für die im Stellenplan vorgesehene Akkusativ-NP gibt es keine semantischen Beschränkungen: "In affirmativen Sätzen ist die Akk_E (=Akkusativergänzung, Verf.) meist eine erweiterte NG (=Nominalgruppe, Verf.), oder es werden Lokal- bzw. Temporalangaben hinzugefügt." (a.a.O.,74). Unter den verschiedenen Lesarten von *Es gibt* kommt dies des "Ausdrucks der allgemeinen Existenz" besonders häufig mit aufgespaltener Akkusativ-NP vor, vgl. die Beispiele unter (4-1) und (4-2):

(4-1) Guck mal, *Krawatten* gibt's da auch *gute*.
(Hörbeleg Köln, 28.1.81)

(4-2) *Ähnliche Betriebe solcher Komplexität* gibt es *einige* im Odenwald.
(Hessen 3 Fernsehen, "Trends", am 17.4.89, 20.40 Uhr)

In (4-1) und (4-2), beides affirmative Sätze, ist die Akkusativ-NP jeweils erweitert, wobei die Akkusativ-NP in (4-2) erheblich komplexer ist als die in (4-1). Außerdem ist in den Beispielen je eine Lokalangabe enthalten, ein deiktisches *da* in (4-1), die explizite Phrase *im Odenwald* in (4-2).

In Aussagen über das Wetter, Wetterberichten u.a., auch in (mündlichen) Wettervorhersagen, findet sich die Lesart *es gibt* im Sinne von '(etwas) tritt ein'; auch in diesem Kontext wird nicht selten NP-Aufspaltung verwendet, vgl. Beispiele (4-3) und (4-4):

(4-3) Dann sah er sich um und sagte: "*Gewitter* wird es heute *keines* geben."
(Herrmann Lenz, Erinnerungen an Eduard, S.98)

(4-4) *Niederschläge* (gibt es) dann *keine* mehr.
(Südwestfunk 3 Radio, 21.12.80, 12.40 Uhr)

Im Anhang sind weitere Belege für diese beiden Lesarten von *es gibt/gab*, aber auch für andere verzeichnet, wie 'etwas wird angeboten, etwas steht auf dem Programm' oder 'etwas wird zu essen/trinken angeboten'.

SCHUMACHER 1986 weist *es gibt* aufgrund der breiten Applizierbarkeit der Alltagssprache zu. Damit gehört es vermutlich jenem Merkmalsbündel an, das - für das Deutsche - die Dimension 1 'Informational vs. Involved Production' bestimmt, die u.a. das Vorkommen allgemeiner Lexik ("generalized in content") zur Unterscheidung der mündlichen und schriftlichen Genres als Kriterium hat.

An der zweiten Stelle der Verben, mit denen die Aufspaltung des Akkusativ-Objektes häufig erscheint, steht *haben* mit 27% Vorkommensfrequenz. Es handelt sich dabei um das transitive Verb *haben*, das im Datenkorpus in unterschiedlichen Lesarten vertreten ist, u.a. zur Anzeige von Besitz, einer Eigenschaft, eines Merkmals, zum Ausdruck von Zugehörigkeit oder von Beziehungen, vgl. (4-5) und (4-6):

(4-5) *Koffer* hab' ich auch *keinen*.

(Hörbeleg Köln, 27.10.80)

(4-6) *Devisen* hat er *keine* und mit Zloty "kannst du nicht einmal einen Vollidioten bestechen".

(Der Spiegel Nr. 46 v. 14.11.88, S.178)

Haben zählt, wie *es gibt*, nach SCHUMACHER 1986 ebenfalls zu den allgemeinen Verben, denn es kann - in einer seiner Lesarten - "zum Ausdruck einer beliebigen possessiven Relation" (a.a.O.) verwendet werden, wobei aus dem Kontext hervorgeht, um welche Art possessiver Relation es sich handelt, also etwa Eigentums-, Miets- oder Leihverhältnis. Im Gegensatz dazu ist *besitzen* ein spezifisches Verb, "denn es drückt immer eine Relation aus, die dem juristischen Begriff 'Eigentum' (...) naheliegt ..." (a.a.O., 725).

Auffallend häufig erscheinen Aufspaltungen auch bei festen Wendungen wie *Angst haben*, *Fieber haben*, *Lust haben*, *Skrupel haben* etc., die eine Relation zwischen Lebewesen und Eigenschaften oder physisch-psychischen Zuständen ausdrücken, vgl. (4-7) und (4-8):

(4-7) *Skrupel* hat er natürlich *keine* ...

(Der Spiegel Nr. 43 v. 24.10.94, S.147)

(4-8) *Angst* habe sie *keine*, meint sie und sagt das, als wolle sie sagen, die Starken schützt Gott.

(Die Zeit vom 12.3.1993, S.79)

Auch die übrigen o.g. Verben, mit denen NP-Aufspaltung kookkurriert, sind in der Regel eher allgemeiner Natur. So ist *sich ein Müsli machen* in (4-9) weit weniger spezifisch als beispielsweise *sich ein Müsli zubereiten*.

(4-9) *Müsli* mach ich mir auch gleich *eins*.

(Hörbeleg Köln, 17.4.81)

Kriegen gehört nach SCHUMACHER 1986 zu den allgemeinen Verben des Besitzes/Besitzwechsels, im Gegensatz zu spezifischen Verben wie *schenken* oder *verkaufen*:

(4-10) *Salat* kriegen Sie *keinen* mehr.

(Hörbeleg Köln, 27.4.81)

In dieses Bild fügen sich auch die in Kapitel 2 erwähnten Funktionsverb-Gefüge (vgl. (2-28)), bei denen die Verben ihre spezifische Bedeutung verloren haben.[53]

Bei all diesen allgemeinen Verben ist jeweils die Akkusativ-NP aufgespalten: Aufspaltung des Akkusativobjektes findet sich in insgesamt rund 84% aller Fälle. Sie kann damit zu Recht als die gebrauchshäufigste und "etablierteste" Form beschrieben werden. Auf aufgespaltene Nominative entfallen rund 13%, die restlichen 3% verteilen sich auf Dativ- und Genitiv-NPs.

Aufgespaltene Nominativ-NPs bilden in vielen Fällen das Subjekt des Verbs *sein* - im Sinne von 'da/drin sein', 'vorhanden sein', das in diesen Fällen zum Ausdruck von "Existenzsituierung" (SCHUMACHER 1986) verwendet wird, vgl. (4-11) und (4-12):

(4-11) Und *Karteikarten* sind auch *keine* mehr da.

(Hörbeleg Köln, 23.2.81)

(4-12) Sie hatte fünf Seiten Wollmann zitiert. *Fehler* waren natürlich *keine* drin.

(Hörbeleg Köln, 7.5.89)

NP-Aufspaltung tritt auch gelegentlich mit der Kopula *sein* auf. In (4-13) ist eine Nominativ-NP in der Funktion des Prädikativums aufgespalten:

---

53 Vgl. auch SCHOENKE 1992, die "semantisch starke Verben" definiert: "Zu den semantisch starken, lexikalisch schon spezifizierten Verben gehören
1. Verben, die innerhalb eines Wortfeldes zusätzliche semantische Merkmale enthalten (z.B. *schlurfen, humpeln, schleichen* gegenüber *gehen)*, ...
2. Verben mit impliziter Negation (...)
3. Verben, die ein Nomen in sich aufgenommen haben (...)
4. Verben, die durch Präfigierung zusätzliche semantische Merkmale erhalten haben.(...)" (SCHOENKE 1992, 55)

(4-13) "*Hexenwerk* ist es ja *keines*", sagte ich und fand es kurios.

(H. Lenz, Erinnerungen an Eduard, S.191)

Kopula-Verben haben vor allem eine grammatische Funktion, stellen sie doch die Beziehung zwischen Satzsubjekt und Prädikativum her, d.h. sie sind in ihrer lexikalischen Bedeutung noch allgemeiner als die bereits erwähnten Verben.

Zusammenfassend läßt sich festhalten: In über 80% der Fälle im Datenkorpus kookkurriert NP-Aufspaltung mit allgemeineren, bedeutungsärmeren Verben, nämlich *geben, haben, sein* und *machen*. Obwohl das Korpus seinem Umfang nach nicht als repräsentativ gelten kann, läßt sich dies unbestreitbar als allgemeine Tendenz beobachten. Diese Distribution entspricht den Ergebnissen von BIBER 1988, der die Verwendung allgemeiner Verben zu den Merkmalen der "involved production" zählt, an deren prominentester Stelle Telefongespäche und direkte ("face-to-face") Gespräche stehen. M.a.W.: Die Verwendung bedeutungsärmerer Lexik (hier:Verben) kennzeichnet orale Genres.

> ... differences in lexical specifity seem to truly correlate with the production differences between speaking and writing, the high levels of lexical diversity and specificity that are found in formal academic writing are apparently not possible in spoken texts due to the restrictions of on-line production.
>
> (BIBER 1988, 238)

Wenn NP-Aufspaltung zusammen mit einem merkmalsreichen Verb in V2-Position und/oder weiteren nominalen Elementen vorkommt, nimmt für viele Sprecher die Grammatikalität der Sätze ab:

(a) ?? Lehrer respektierten wir viele.
(b) ?? Fehler vermied Inge viele.
(c) ?? Annehmlichkeiten vermißten die Urlauber wenige.
(d) ?? Ratschläge beherzigten unsere Schüler keine.

Schlechter fallen auch die Beurteilungen aus, wenn ein Adjektiv unter der DP im Mittelfeld verbleibt:

(e) ??Lehrer gab's alte an unserer Schule.

Verwendet man ein spezifisches, bedeutungsvolles Verb und gleichzeitig ein nicht-pronominales Subjekt, so ergeben sich ganz ungrammatische Sätze, NP-Aufspaltung scheint in diesen Fällen ausgeschlossen zu sein:

(f) *Lehrer respektieren wir alte an unserer Schule.
(g) *Lehrer respektieren Schüler alte an unserer Schule.

In all diesen Beispielen hat die aufgespaltene Nominalphrase jeweils die gleiche Funktion und den gleichen Kasus - den Akkusativ. Was verändert wurde, ist das lexikalische Material. Offensichtlich sind hier Kookkurrenz-Beschränkungen wirksam, die in den folgenden Abschnitten weiter erläutert werden[54].

4.2.2 Die Füllung des Mittelfeldes bei NP-Aufspaltung

In Kapitel 3 wird gezeigt, daß eine im Mittelfeld verbliebene DP, aus der eine NP extrahiert wurde, dieselben Stellungseigenschaften und -beschränkungen aufweist wie eine DP/NP ohne Extraktion. Um diesen Zusammenhang nachzuweisen, werden die jeweiligen DPs/NPs zu anderen nominalen Satzgliedern im Mittelfeld in Beziehung gesetzt. Die Beispiele, die dazu angeführt werden, sind jedoch konstruiert: Die Mittelfelder dort sind jeweils mit mehreren nichtverbalen Satzgliedern besetzt. Die authentischen Beispiele des Datenkorpus (vgl. Anhang) vermitteln ein anderes Bild der tatsächlichen Mittelfeld-Realisierung bei NP-Aufspaltungskonstruktionen: Die Mittelfelder hier sind in der Regel schwach besetzt. Das heißt, Sprecher, die NP-Aufspaltung als sprachliches Mittel einsetzen, verzichten gleichsam darauf, das Mittelfeld lexikalisch komplex zu gestalten. Dies ist, wie UHMANN 1993 in ihrer Untersuchung über Mittelfelder im Gespräch festgestellt hat, ein typisches Merkmal "natürlicher Konversation".

> "Diese Eigenschaft [i.e.sämtliche nichtverbalen Stellungsglieder aufnehmen zu können, Verf.] weisen Mittelfelder in natürlichen Konversationen jedoch nicht unbedingt auf. Die Konversationsteilnehmer machen nämlich von dieser Möglichkeit nur in sehr eingeschränktem Umfang Gebrauch. Wenn sie Satzglieder im Mittelfeld realisieren, dann sind diese häufig pronominal besetzt: (...)"
>
> (UHMANN 1993, 319)

---

54 Hier wird deutlich, daß die immer wieder aufgestellte Behauptung, Akkusativobjekte ließen sich problemlos aufspalten (s. u.a. FANSELOW 1988 und TAPPE 1989), so nicht haltbar ist.

Die Analyse der Daten zur NP-Aufspaltung erbrachte Ergebnisse, die UHMANNs Beobachtungen unterstützen: In Sätzen mit aufgespaltener Nominativ-NP bildet diese Nominativ-NP (das Subjekt) in der Regel die einzige nominale Konstituente, vgl.o. (4-11), (4-12). In den Fällen, in denen eine Nominativ-NP in prädikativer Funktion aufgespalten ist, bildet sie zumeist die einzige nicht-pronominale Konstituente, vgl. (4-13).

Ähnliches läßt sich für die Daten vermerken, in denen eine Akkusativ-NP aufgespalten ist: Das Subjekt ist in den betreffenden Fällen fast immer pronominal. In den untersuchten 235 Fällen findet sich nur achtmal (!) ein nicht-pronominales Subjekt - das entspricht einem Anteil von 3,4% -, und von diesen entfällt nur ein einziges Beispiel auf eine spontan gesprochene Äußerung. Die übrigen sieben nicht-pronominalen Subjekte erscheinen bezeichnenderweise in geschriebenen Texten.

Wie sieht es aus mit NP-Aufspaltung bei Verben, die über zwei Argumentpositionen verfügen, also potentiell z.B. einen Dativ und einen Akkusativ realisieren können? Im Datenkorpus finden sich - angesichts der Ergebnisse des vorangegangenen Abschnitts wenig überraschend - nur wenige Verben, die über zwei Argumentpositionen verfügen. Es kommen vor: *jdm. etwas machen, jdm. etwas bringen, jdm. etwas nennen,* und *jdm. etwas bestellen.* In den Beispielen, in denen diese Verben erscheinen, ist jeweils nur das Akkusativobjekt realisiert, und zwar nicht-pronominal; es ist außerdem aufgespalten. Einmal (*jdm. etwas machen*) ist auch der Dativ lexikalisch realisiert, allerdings pronominal. In allen übrigen Fällen ist die für die jeweilige Lesart im Stellenplan (optional) vorgesehene Dativ-Position nicht besetzt. Fazit: Ein Fall, in dem zwei Argumentpositionen vorgesehen und tatsächlich lexikalisch mit zwei vollen NPs/DPs realisiert sind, ist zwar denkbar, im faktisch beobachtbaren gesprochenen und geschriebenen Sprachgebrauch aber offenbar sehr wenig gebrauchshäufig. Vereinfacht: Sätze wie (4-14) (=(3-24a')):

(4-14) *Bücher* hat die Frau dem Mann *keine* gegeben.

sind grammatisch völlig in Ordnung, werden aber in der Alltagskommunikation äußerst selten verwendet.

Temporal-, Lokal-, Modalangaben und sonstige Ergänzungen sind weitere Satzglieder, die grundsätzlich im Mittelfeld erscheinen können. Die Daten zeigen jedoch, daß sie vergleichsweise selten vorkommen. Nur in 10% aller Belege finden sich Temporalangaben, davon ist etwa die Hälfte deiktisch (z.B. *heute*, *morgen*, *jetzt*). Sie finden sich vorwiegend in Texten spontan gesprochener Sprache, während explizitere Temporalangaben, wie *in diesen letzten Wochen*, *in 25 Jahren Erinnerung* u.ä. eher in geschriebenen Texten erscheinen.

Fast die gleiche Verteilung zeigen Lokalangaben. Sie kommen in ca. 10% der untersuchten Beispiele vor. Deiktische Elemente, wie *hier* und *da*, machen die Hälfte aller Lokalangaben aus und erscheinen vorrangig in gesprochenen Texten. Bei den übrigen handelt es sich fast ausschließlich um Formen der Art '*in* + Ortsbezeichnung', wie z.B. *in Eisenheim*, *in Berlin*, *in Jugoslawien*, *in den Städten*.

Modalangaben sind sehr selten (im untersuchten Korpus nur ca. 2,6%). Sie treten gelegentlich in Form von Modaladverbien wie *leider* auf oder in Form von Modalpartikeln[55] wie *eigentlich*, *natürlich* o.ä.

Alle diese potentiellen Mittelfeldelemente kommen so gut wie nie gleichzeitig in einem Satz mit NP-Aufspaltung vor. Im gesamten Korpus gibt es nur ein einziges Beispiel mit Temporal- und Lokalangabe im Mittelfeld, wobei die Temporalangabe (hier: Häufigkeitsangabe) nur aus einem kurzen Adverb besteht:

(4-15) *Fahrradwege* gibt es in den Städten zumeist recht *wenige*.
(WDR2 Radio, 3.3.81, 19.27 Uhr)

Wie in Abschnitt 4.1 dargelegt, lassen sich u.a. anhand des Auftretens bzw. der Abwesenheit lokaler, temporaler und anderer Adverbien orale und literale Genres auf dem Parameter "Explicit vs. Situation-Dependent Reference" unterscheiden. Letzere Referenz wird dabei vorzugsweise durch Deiktika ausgedrückt.

---

55 EISENBERG 1989 bezeichnet diese als Abtönungspartikel. "Ihre Funktion besteht allgemein darin, den Inhalt des Satzes auf die Sprechsituation zu beziehen." (S.206)

> (...) genres such as official documents, professional letters, and academic prose require highly explicit text-internal reference, while genres such as broadcasts and conversation permit extensive reference to the physical and temporal situation of discourse.
>
> (BIBER 1988, 142, 144)

NP-Aufspaltung kookkurriert offensichtlich nicht mit Ausdrücken expliziter Referenz, sondern - in einem gewissen Maße - mit deiktischen Temporal- und Lokalangaben, d.h. mit sprachlichen Merkmalen, die bestimmte orale Genres (vgl. o.) charakterisieren.

Neben der pronominalen Realisierung von Stellungsgliedern und die Verwendung von Deiktika ist die Mittelfeldentleerung ein Kennzeichen natürlicher Konversationen, wie UHMANN 1993 nachweist.

> Das Mittelfeld wird auch häufig *entleert*, indem nicht-satzwertige, mittelfeldfähige Satzglieder erst im Anschluß an das Mittelfeld nach der rechten Satzklammer produziert werden.
>
> (UHMANN 1993,326)

Mittelfeldentleerungen haben unterschiedliche Funktion. Dazu gehören u.a. Hintergrundmarkierung, Reparaturorganisation und Informationsstrukturierung. Darauf soll in diesem Zusammenhang nicht weiter eingegangen werden. Festzuhalten bleibt zunächst, daß Mittelfeldentleerung als Charakteristikum für spontan gesprochene Sprache angesehen werden kann.

In den Daten zur NP-Aufspaltung finden sich auch Belege für Mittelfeldentleerung. Allerdings kommen sie nicht häufig vor (unter 3%): In der Regel sind Konstruktionen mit NP-Aufspaltung so gestaltet, daß - neben pronominalen Elementen im Mittelfeld - überhaupt kein mittelfeldfähiges weiteres Element erscheint. In das Nachfeld gerückt werden Relativsätze oder Präpositionalphrasen wie in (4-16), vgl. auch Kap. 3 oben:

(4-16) *Spekulationen* hatte es im Vorfeld schon *viele* gegeben *um diese Rede*.

(ARD Tagesthemen, 7.12.88)

Daß Mittelfeldentleerung in dem Sinne, wie UHMANN 1993 sie beschreibt, relativ selten in Konstruktionen mit NP-Aufspaltung vorkommt, liegt wohl daran, daß NP-Aufspaltung selbst als Mittel der Informationsstrukturierung angesehen werden muß (vgl. Kap. 5).

4.2.3 NP-Aufspaltung und (pränominale) Komplexität der Quell-DP

Komplexe Nominalphrasen, insbesondere solche mit attributiven Adjektiven, kennzeichnen - nach BIBER 1988 - "Informational Production" und damit vorwiegend schriftliche Genres:

> Attributive adjectives are used to further elaborate nominal information. They are a more integrated form of nominal elaboration than predicative adjectives or relative clauses, since they pack information into relatively few words and structures.
>
> (BIBER 1988, 105)

Nach den vorangegangenen Aussagen über Merkmale, die mit NP-Aufspaltung kookkurrieren, ist zu erwarten, daß die DPs, aus denen eine NP extrahiert wird, nicht unbedingt komplex strukturiert sind.
In 197 von 235 Fällen, das entspricht einem Anteil von 84%, enthielten die DPs nur jeweils ein pränominales Element, entweder eine AP (5%) oder eine QP (79%). Typische Beispiele für diese Strukturmuster sind in (4-17) und (4-18) gegeben:

(4-17) *Blumen* haben wir ja jetzt *schöne*.

(Hörbeleg Köln, 17.4.81)

(4-18) Nee, Herr Kaiser, *Luft* is hier *keine* drin.

(Hörbeleg Bonn, 14.11.94)

Auf dem zweiten Rang folgen - mit 32 Belegen, also einem Anteil von 14% - pränominale Strukturen, die aus einer QP und einer AP bestehen, vgl. (4-19):

(4-19) *Schlechte Dissertationen* gibt es eigentlich *unheimlich viele*.

(Hörbeleg Köln, 12.10.88)

Die restlichen 2% entfallen auf Belege mit *solch-* + QP/AP; in nur einem Fall gab es zwei pränominale Adjektive.

Interessant sind auch die lexikalischen Realisierungen der QPs bzw. APs. Im untersuchten Datenkorpus findet sich *kein-* in 47% aller vorkommenden QPs, *viel-* in 23%, *wenig-* in 5%, *ein-* in 4% aller Fälle. Die restlichen 21% verteilen sich auf Zahlwörter, andere Numeralia und Mengen- und Maßangaben.

Adjektive kommen in rund einem Fünftel aller Belege vor. So eindeutige Verteilungen wie bei der lexikalischen Realisierung der Quantoren-Phrase lassen sich hier nicht feststellen. Immerhin werden die Adjektive *groß*, *gut*, *neu* und *schön* jeweils mehrfach belegt[56]. Bemerkenswert erscheint mir eine weitere Tendenz: Häufig werden $[_{NP}$[AP] [NP]] -Strukturen extrahiert, in denen das Adjektiv und das Nomen mehr oder weniger feste Wendungen bilden, wie *strafmildernde Umstände*, *geistige Bedürfnisse*, *gravierende Fehler*, wie in (4-20) - (4-22):

(4-20) *Strafmildernde Umstände* sehe er *keine*, so Utermann.
(Kölner Stadtanzeiger, 30.3.95, S.15)

(4-21) *Geistige Bedürfnisse* waren in diesen Kreisen *nicht viele* vorhanden.
(G. Keller, Der Grüne Heinrich, S.62)

(4-22) *Gravierende Fehler* gibt es *wenige*.
(Der Spiegel Nr.35 vom 28.8.89, S.28)

Die pränominale Struktur der DPs, aus denen eine NP extrahiert wird, ist diesen Ergebnissen zufolge in der Regel nicht komplex. Damit wäre ein weiteres Indiz für den Ausdruck von "Mündlichkeit" durch die Konstruktion gegeben.

Zusammenfassend läßt sich festhalten: Die untersuchten Daten für die NP-Aufspaltung weisen eine Reihe von Merkmalen auf, die für die gesprochene Sprache charakteristisch sind. Dazu zählen die bevorzugte Verwendung bedeutungsarmer Verben, das Auftreten deiktischer und pronominaler Elemente im Mittelfeld und die geringe Komplexität der pränominalen Struktur. Der Gesamteindruck ist der einer geringeren Informationsdichte zugunsten einer Informationsstrukturierung, die den produktions- und rezeptionsspezifischen Bedingungen gesprochener Sprache entspricht. NP-Aufspaltung und die mit ihr kookkurrierenden Phänomene lassen sich summarisch dem Modus der Mündlichkeit zuordnen.

56 Für diese Adjektive läßt sich - ähnlich wie bei den Verben in Abschnitt 4.2.1 feststellen, daß sie eher von allgemeinem, weniger spezifischem Inhalt sind.

4.3 NP-Aufspaltung als Indikator für den Mündlichkeitsmodus in geschriebenen Texten

NP-Aufspaltung tritt, wie im vorangegangenen Abschnitt deutlich wurde, mit sprachlichen Merkmalen auf, die - zusammen genommen - orale Genres, darunter vor allem spontan gesprochene Sprache charakterisieren.

NP-Aufspaltung erscheint aber auch in einer Vielzahl von geschriebenen Texten. Das Spektrum an Textsorten/schriftlichen Genres ist jedoch, wie das Datenkorpus belegt, begrenzt. Darin ist die Wirksamkeit von Normen für "das Maß an Mündlichkeit in schriftlichen Texten" zu erkennen.

> A useful distinction (...) is that between *medium* and *mode*, where medium is concerned with how the message is transmitted to its receivers, and mode is concerned with how it is composed stylistically, that is, with reference to sociolinguistically grounded norms of appropriacy, culturally conditioned on a cline of 'writtenness' and 'spokeness'.
>
> (McCARTHY 1993, 171)

Im Datenkorpus findet sich beispielsweise nicht ein einziger Beleg, der einer fachsprachlichen[57] Schrift oder der Textsorte "wissenschaftlicher Aufsatz", die für BIBER 1988 ein Höchstmaß an Literalität besitzt, zuzurechnen ist. Aus welchen Schrift-Texten rekrutieren sich die Belege des Datenkorpus? Schriftliche Texte, in denen NP-Aufspaltung relativ häufig vorkommt, lassen sich zum einen dem literarischen Bereich (fiktive narrative und dramatische Texte) zuordnen, zum anderen im weitesten Sinne den Bereichen Pressetexte/Reportagen. Bei letzeren handelt es sich vorwiegend um Texte aus Zeitungen, Zeitschriften und (Unterhaltungs)Magazinen.

57 Zum Begriff der "Fachsprache" vgl. FLUCK, H.R., 1992.

4.3.1 Literarische Texte

In literarischen Texten finden in vielfältiger Weise fiktive Kommunikationshandlungen statt, wobei die Darstellung je nach literarischer Gattung in der Form unterschiedlich ausfällt. Es ist deshalb nicht verwunderlich, daß das Datenkorpus viele Belege für NP-Aufspaltungen in literarischen Texten enthält.[58]

Bei Beispiel (4-23) handelt es sich um einen Ausschnitt aus einer Figurenrede in einem modernen Drama. Zwei Figuren unterhalten sich, d.h. auf der Figurenebene wird reale alltagssprachliche Konversation simuliert.

(4-23) Wir haben versucht, Edgars Anordnung zu rekonstruieren. Aber wahrscheinlich fehlt noch die Hälfte der Teile, oder ich weiß nicht. Vor allem ein Druckbehälter. Mir ist einfach nicht klar, woher er den Luftdruck genommen hat. *Kompressor hatte er keinen*, soviel ist klar. Aber Druck muß er gehabt haben ....
(Plenzdorf, Die neuen Leiden des jungen W., 271)

Neben "*oder ich weiß nicht*" und anderen Elementen dient hier die NP-Aufspaltung dazu, einen sprechsprachlichen Effekt zu schaffen, die Situation eines natürlichsprachlichen Gesprächs nachzustellen.

Bei Beispiel (4-24) handelt es sich um einen fiktiven persönlichen Brief, den die Romanfigur Werther an ihren Freund Wilhelm richtet:

(4-24) Den 17.Mai
Ich habe allerlei Bekanntschaft gemacht, *Gesellschaft habe ich noch keine gefunden*. Ich weiß nicht, was ich Anzügliches für die Menschen haben muß (...) Wenn du fragst, wie die Leute hier sind, muß ich dir sagen: wie überall.
(Goethe, Die Leiden des jungen Werther, 11)

Dieser Brief ist in einem Plauderton gehalten: Werther spricht seinen Freund an. Dies entspricht dem Vorgehen, das auch der reale Briefschreiber beim persönlichen Brief anwendet. Persönliche Briefe - so BIBER 1988 - liegen zwar in geschriebener Form vor, teilen aber viele sprachliche Merkmale mit den (gesprochenen) Genres der Alltagskommunikation.

---

58 Auf die Besonderheiten literarischer Kommunikation gegenüber natürlichsprachlicher Kommunikation insgesamt möchte ich hier nicht eingehen. Dazu sei auf die einschlägige Literatur verwiesen, vgl. etwa PFISTER, M. 1977; LUDWIG, H.W. (Hrsg.), 1982.

> Personal letters (...) are written but have an involved focus. In addition, they are typically produced under self-imposed time constraints, and thus do not show careful word choice or a high informational density.
>
> (BIBER 1988, 132)

(4-24) weist eine Reihe Charakteristika auf, die für (reale) Gespräche typisch sind. NP-Aufspaltung indiziert Mündlichkeit gleich zu Beginn des Textes. Aber auch die Verwendung der Personalpronomen *ich* und *du/dir* und die Wendung *Wenn du fragst* verweisen auf den interaktionalen Zweck des (persönlichen) Briefes. Einen weiteren Hinweis auf Oralität gibt das deiktische *hier*. Nun handelt es sich bei dem Textausschnitt (4-24) um einen fiktionalen Brief, d.h. Fokus ('involved) und Produktionsumstände ('time constraints') sind - auf der Figurenebene - simuliert, und die aufgeführten sprachlichen Charakteristika Ausdruck der Nachahmung einer nicht-fiktionalen Kommunikationshandlung.

In literarischen Texten kommt es gelegentlich vor, daß der Erzähler oder eine Figur den narrativen bzw. dramatischen Rahmen verläßt und den (fiktiven) Rezipienten direkt an*spricht* - im Drama z.B. durch das "aparté"-Sprechen. In (4-25) durchbricht der Modus "Mündlichkeit", indiziert durch NP-Aufspaltung zusammen mit Kontraktionen in *grade*, *keins*, Elision in *hätt* und das Kurzwort *was* (statt *etwas*), die Narration des umgebenden Textes:[59]

(4-25) *Auf die Sterne soll man nicht mit Fingern zeigen; in den Schnee nicht schreiben; beim Donner die Erde berühren:*
also spitzte ich eine Hand nach oben, splitterte mit umsponnenem Finger das <K> in den Silberschorf neben mir (*Gewitter fand grade keins statt,* sonst hätt ich schon was gefunden!) In der Aktentasche knistert das Butterbrotpapier.
(Arno Schmidt, Aus dem Leben eines Fauns, S.9)

Auch in (4-25) findet, ähnlich wie in (4-24), jedoch auf einer anderen kommunikativen Ebene, der des "vermittelnden Kommunikationssystems" (PFISTER 1977), d.h. auf der Ebene fiktiver Erzähler/fiktiver Adressat[60], eine Simulation natürlichsprachlicher Rede statt.

---

59 Kursivschrift (zu Beginn des Abschnitts) und Klammern entsprechen der Notation des Autors.

60 Vgl. LUDWIG 1982, 52-54; PFISTER 1977, 21

Eine etwas andere Funktion übernehmen Elemente gesprochener Sprache, wie die dort häufig vorkommende NP-Aufspaltung, im Kontext der sog. "Erlebten Rede" (fortan ER).

In der Literaturwissenschaft wird ER als ein Erzählmodus verstanden, in dem Erzählerrede und Figurenrede ineinander verschränkt sind. Linguistisch wird ER als eine Form der Redewiedergabe verstanden, die zwischen direkter und indirekter Rede anzusiedeln ist. ER ist syntaktisch unabhängig, d.h. sie wird nicht von Verba dicendi eingeleitet. Wie die direkte Rede ist ER gekennzeichnet durch die Verwendung von bestimmten affektiven Elementen (z.B. Interjektionen) oder Deiktika: Zeit- und Ortsdeixis sind durch die Figurenperspektive festgelegt. Auch die Topik-Fokus-Gliederung ist in der ER gegenüber der direkten Rede nicht verändert.
Mit der indirekten Rede hat ER lediglich die Verwendung der 3. Person und die Transposition der Tempora (statt Präsens Präteritum usw.) gemeinsam. Erlebte Rede enthält m.a.W. in hohem Maße Merkmale des Mündlichkeitsmodus.

STEUBE 1985 bezeichnet ER als Rede, "die in sich fremde Rede simuliert", wobei im literarischen Kontext der Simulierende der Erzähler, der Simulierte die Figur ist.[61]
Im Erzählmodus der ER werden im wesentlichen Gefühle, Gedanken und Einstellungen der nachgeahmten Figur ausgedrückt. Der Übergang von Erzählerrede/Erzählerperspektive zu Figurenrede/Figurenperspektive ist dabei fließend. (4-26) gibt ein Beispiel für solch einen Übergang von einer Perspektive zur anderen. NP-Aufspaltung erscheint hier genau an der Schnittstelle zwischen Erzähler- und Figurenperspektive:

(4-26) [Ein kleiner Junge hat ein Buch in der Hand, das ihn sehr interessiert.] Beim flüchtigen Durchblättern sah er, daß die Schrift in zwei verschiedenen Farben gedruckt war. *Bilder schien es keine zu geben*, aber wunderschöne, große Anfangsbuchstaben.

(Michael Ende, Die unendliche Geschichte, S.10)

61 Simulation ist bei STEUBE 1985 im Sinne von "Nachahmung" zu verstehen, nicht, wie in den vorangegangenen Abschnitten, im Sinne von "so tun als ob", vorgeben, etwas zu tun.

NP-Aufspaltung erfüllt hier mehrere Funktionen (auf unterschiedlichen Ebenen). Zum einen markiert sie den Wechsel von der Erzählerperspektive in die Figurenperspektive. Dem Leser wird auktorial zunächst ein kleiner Junge geschildert, der ein Buch durchblättert. Mit *Bilder schien es keine zu geben* tritt der Erzähler hinter die Figur zurück und läßt den Leser nun quasi unmittelbar am Gedankengang des Jungen teilnehmen, die Sprache des Jungen nachahmend.
NP-Aufspaltung wirkt hier gleichzeitig - auf der Textebene - kohäsionsstiftend[62], d.h. *Bilder* knüpft an *Durchblättern* an[63]: 'Durchblättern' bedeutet, daß man ein Buch flüchtig durchsieht. Dabei werden hervorstechende Merkmale erwartet und auch wahrgenommen, wie beispielsweise Bilder. Auch der kleine Junge vermutet zunächst Bilder: Diese Erwartungshaltung wird durch NP-Aufspaltung in besonderer Weise sprachlich gestaltet. Die topikalisierte NP *Bilder* referiert auf das Erwartete, *kein,* das durch seine Position unmittelbar vor der rechten Satzklammer eine starke Betonung erfährt, signalisiert einerseits Nicht-Erfüllung der Erwartung in Bezug auf *Bilder*, bereitet gleichzeitig auf den (elliptischen) Adversativsatz *aber* ... vor, an dessen Ende *Anfangsbuchstaben* steht. *Bilder* und *Anfangsbuchstaben* werden aufgrund ihrer Position am Anfang und am Ende des Gefüges, gegeneinander kontrastiert, in ein Spannungsverhältnis gesetzt. Dieser Klammereffekt kann nur durch NP-Aufspaltung, in deren Verlauf *Bilder* im ersten Teil des Gefüges topikalisiert wird, gestaltet werden.

Ausgiebigen Gebrauch von Erlebter Rede macht W. MITGUTSCH in ihrem Roman Die Züchtigung. Er handelt von der traumatischen Kindheit und Jugend einer jungen Frau, Marie. Erzählerin der Geschichte ist Maries Tochter, der die Mutter immer wieder von ihren Kindheitserfahrungen berichtete. Das heißt, in dem Roman gibt es eine Ich-Erzählerin, die das Geschehen um die Hauptfigur Marie vermittelt. Maries Erzählton wird dabei sehr häufig in ER dargestellt wie in (4-27):

(4-27) Als Hitler einmarschierte, war sie sechzehn. *Radio gab es im ganzen Dorf nur eines*, beim Nachbarn, aber der saß mit verklärtem Gesicht ganz nahe an dem grünen Auge in der Mitte und flüsterte ehrfürchtig, der Führer spricht.

(Mitgutsch, Die Züchtigung, S.34)

---

62 Vgl. VATER 1992, 41f.

63 Die strukturstiftende Funktion von NP-Aufspaltung ist in Kap.5 ausführlicher behandelt.

Auch hier läßt sich NP-Aufspaltung an der Schnittstelle zwischen Erzähler- (=Tochter) und Figurenperspektive (=Marie) zu Beginn einer ER feststellen. Der erste Satz dieser Textpassage (es handelt sich um den Beginn eines neuen Kapitels) ist narrativ-beschreibend. Dieser Satz ist also der Ebene der Erzählenden zuzuordnen. Mit *Radio gab es im ganzen Dorf nur eines* ... wird übergewechselt in Maries Erzählton, in die Figurenperspektive. Allerdings ist der Rezipient nicht unmittelbar mit der Rede oder den Gedanken der "sprechenden" Figur konfrontiert, wie im vorangegangenen Beispiel, sondern nur mittelbar über die Figur der Tochter, die die Rede der Mutter nachahmt. In diesem Beispiel handelt es sich also um eine eingebettete Redewiedergabe.

Wie in (4-26) wird auch hier eine Verknüpfung zwischen einem Element in der Erzählerrede und einem in der Figurenrede hergestellt: mit *Als Hitler einmarschierte*... (Erzählerrede) wird auf ein wichtiges historisches Ereignis Bezug genommen; zum konzeptionellen Rahmen von *Radio* (Figurenrede) wiederum gehört so etwas wie 'Verkündigung wichtiger Ereignisse'.

Zusammenfassend läßt sich festhalten: NP-Aufspaltung markiert in literarischen Texten auf der Figurenebene - zusammen mit anderen Merkmalen des Mündlichkeitsmodus - die Simulation natürlichsprachlicher Kommunikation. In narrativen Texten tritt die Konstruktion auch in der Erlebten Rede, einer speziellen Form der Redewiedergabe, auf, wo sie einerseits als Element der direkten Rede anzusehen ist; zum anderen markiert NP-Aufspaltung häufig den Wechsel von Erzähler- zu Figurenperspektive zu Beginn einer ER. In diesem Kontext kommt die kohäsionsstiftende Funktion der Konstruktion zum Tragen, die in Kapitel 5 beschrieben wird.

4.3.2 NP-Aufspaltung in nicht-literarischen schriftlichen Texten

Die im folgenden untersuchten Daten entstammen zumeist Zeitschriften, Zeitungen und Magazinen. Diese "Medien" im obigen Sinne gehören in unserer Kultur zu denjenigen, in denen der Modus der Mündlichkeit mit seinen sprachlichen Merkmalen allgemein akzeptiert ist, vgl. etwa McCARTHY 1993, 174:

> (...) mode is perceived as something separate from medium, and (...) certain genres are accepted as characteristically incorporating spoken features, or of mixing modes, even though they are mostly written in form and style.

Dies trifft jedoch nicht auf alle Textsorten und Genres und Sparten und Themenbereiche in Zeitungen und Zeitschriften in gleicher Weise zu: Mündlichkeitsmodus ist in einigen (Wirtschaft, Politik) offenbar weniger, in anderen (Modernes Leben/(Die Zeit), Feuilleton, Lokalteil) mehr akzeptiert. Diese Verteilung zeigen die untersuchten Daten der NP-Aufspaltung klar.

In welchen funktionalen Zusammenhängen tritt NP-Aufspaltung auf - abgesehen von der "generellen" Funktion als Mündlichkeitsindikator?

Ein großer Bereich, in dem NP-Aufspaltung häufig eingesetzt wird, ist die Redewiedergabe[64]. Zunächst ist hier die unmittelbare Redewiedergabe zu nennen, wie sie beim Abdruck von Interviews oder Gesprächen auftritt. Es muß berücksichtigt werden, daß mit dem Abdruck eines Interviews eine gewisse Reinigung der Daten einhergeht, d.h. Versprecher, "false starts", Räuspern, Pausen u.ä. finden, vereinfacht, bei dieser Form der Redewiedergabe in der Regel keinen Ausdruck. (4-28) gibt einen Auszug aus einem Interview wieder:

(4-28) SPIEGEL: Macht Ihnen das Fazit auch solche Schwierigkeiten, Herr Lafontaine?
LAFONTAINE: Ich habe keine Probleme. Aber so habe ich auch Lothar Späth nicht verstanden.
SPÄTH: *Probleme habe ich auch keine.*
LAFONTAINE: Aber ich glaube auch, daß wir eine Reihe unterschiedlicher Auffassungen artikuliert haben. ...

(Der Spiegel Nr. 19 vom 9.5.88, S.47)

Die Beibehaltung gewisser mündlicher Elemente, zu denen neben der Verwendung von Personalpronomen der 1. und 2. Person auch die NP-Aufspaltung gehört, vermittelt hier vor allem den Eindruck von Authentizität.

Dabei müssen Redewiedergaben keineswegs authentisch und wörtlich sein, wie BRÜNNER 1991,4 - allerdings in Bezug auf die Redewiedergabe in Gesprächen - bemerkt. Sie bezeichnet sie als Rekonstruktionen des Sprechers. Mit Rekonstruktion kann man m.E. auch bestimmte Redewiedergaben

---

64 Redewiedergabe wird hier verstanden als Wiedergabe direkter Rede. Vgl. BRÜNNER 1991.

in Zeitungs- oder Zeitschriftentexten charakterisieren: Als (direkte) Rede gekennzeichnete Textpassagen haben vor allem die Funktion, den Leser an einer Kommunikationshandlung teilnehmen zu lassen. Ein solcher Rekonstruktions-Fall liegt in (4-29) vor; das ursprüngliche Gespräch wurde vermutlich in englischer Sprache geführt. Die beiden Einschübe, die als direkte Rede markiert sind, sind rekonstruiert; im strengen Sinn handelt es sich übrigens um Redewiedergabe im Modus der Erlebten Rede.

(4-29) Die Lewis-Assistentin Deborah organisiert das Lewis-eigene Management-Unternehmen "Athcon", das sich vor allem um einen Kunden sorgt, Carl Lewis. Über dem Schreibtisch des Chefs hängt ein großes Schwarz-Weiß-Foto: Carl Lewis. In seinem Leben, so scheint es, nimmt nur einer eine Hauptrolle ein: er selbst. "*Freunde*", verrät der Star, *hat er "eigentlich keine"*. Er hat versucht, Beziehungen zu entwickeln, nur sind die gescheitert, "weil es mühsam ist, sich auf alle und alles einzustellen".

(Der Spiegel Nr.44 vom 27.10.86, S.226)

Die NP-Aufspaltung indiziert hier einerseits, wie (fast) immer, Mündlichkeit. Sie ist andererseits als sprachlich-textgestaltendes Mittel bewußt eingesetzt: Die Hauptaussage des Textabschnittes kulminiert in der Feststellung '*Freunde ... hat er ... keine*', wobei durch die syntaktische Struktur *Freunde* und *keine* rhetorisch besonders hervorgehoben sind.

BRÜNNER 1991 unterscheidet bei Redewiedergaben zwei diskursive Funktionen: die Zeugnisfunktion und die Involvierung, die m.E. beide auch in schriftlicher Redewiedergabe nachweisbar sind.

> Indem der Hörer gleichsam zum Ohrenzeugen gemacht wird, wird er über die Äußerung scheinbar unmittelbar informiert. So kann sie der aktuelle Sprecher thematisieren oder problematisieren, er kann durch Redewiedergabe eigene Behauptungen belegen oder stützen und etwas sagen, ohne dies selbst verantworten zu müssen. Ich nenne das Zeugnisfunktion. (...) Die Funktion des Involvierens ermöglicht es u.a., die Beziehung zum Hörer zu intensivieren oder ihm Sachverhalte anschaulich zu machen.
>
> (BRÜNNER 1991,7)

In (4-30) hat die Wiedergabe in "direkter Rede" Zeugnisfunktion:

(4-30) Der obdachlose S. hatte in den vergangenen Wochen gelegentlich Unterschlupf bei Bekannten gefunden. "*Freunde hatte Axel keine*", sagte seine Mutter Emma (66). Selbst sie pflegte mit ihrem Sohn seit Monaten keinen Kontakt mehr.

(Kölner Stadtanzeiger vom 30.3.95, S.13)

Die wiedergegebene Rede ist durch Anführungsstriche gekennzeichnet. Sie belegt eine vorerwähnte, dem Verfasser des Artikels zuzuordnende Aussage. Durch das sprachliche Mittel der NP-Aufspaltung, mit dem *Freunde* in Satzanfangsstellung unmittelbar Merkmale von *Bekannten* wieder aufgreift und "präzisiert", werden die beiden Aussagen, die des Verfassers und die der Mutter, direkt zueinander in Beziehung gesetzt (Bekannte - Freunde), vgl. Kap. 5.1.

In diesen Redewiedergabe-Kontexten tritt NP-Aufspaltung an den Übergangsstellen von indirekter zu direkter Rede auf und umgekehrt, oder an Übergängen von Beschreibung zu Rede und umgekehrt und scheint in besonderer Weise die wiedergegebene Rede und den sie umgebenden Text miteinander zu verknüpfen.

Involvierung des Lesers ist in (4-31) gegeben:

(4-31) Vielleicht geht es ja auch anders. Ich melde mich zunächst mal bei der optimistischen Firma mit dem Traumjob, die an meine geschäftliche Hochsaison glaubt. Ihre Repräsentantin sitzt in einem trostlosen, kargen Büro in der Innenstadt und erklärt sachlich: "Bei uns verkaufen Sie Versicherungen am Informationsstand. *Fixum bezahlen wir keines*, weil die Mitarbeiter sonst faul werden ..."
(Brigitte Nr.5 1988 vom 13.7.88, S.124)

Die Redewiedergabe, in der die NP-Aufspaltung hier vorkommt, dient der Veranschaulichung des berichteten Sachverhalts, d.h. die Schilderung der Situation erscheint durch die Redewiedergabe lebendiger und authentischer.

Der sprechsprachliche Modus wird in Texten der Print-Medien nicht nur zur Wiedergabe von Rede verwendet. Ein spezieller konversationeller Modus wird beispielsweise im Redaktionsteil von Frauenzeitschriften gepflegt, insbesondere in Texten, die vorgeblich besonders auf die Leserinnen eingehen. Das ist oft bei Themen der Fall, die einen Problembereich der (gedachten) Leserinnen betreffen und mit denen diese sich identifizieren können, z.B. persönliche Erfahrungen, Beziehungsprobleme, Arbeit und Berufsleben betreffend.[65] Auch hier dient NP-Aufspaltung als Indikator für

65 McCARTHY 1993 berichtet von Untersuchungen an sogenannten Fan-Magazinen ("fanzines"), in denen nachgewiesen werden konnte, daß Texte dieses Genres konversationellen Stil über das geschriebene Medium zu reproduzieren suchen: "The fanzine data I reported on was , more than anything, notable for its adherence, even in the written text, to linguistic forms which are of their very essence organisational

Sprechsprache, für einen "ansprechenden" konversationellen Ton; vgl. (4-32):

(4-32) Wer im Beruf auf Dauer erfolgreich sein will, muß sich ständig fortbilden. Denn das in der Ausbildung erworbene Wissen ist in einigen Branchen schon nach Jahren halb so viel wert. *Angebote gibt es viele*, die Qualität der Kurse und Seminare ist jedoch sehr unterschiedlich. Sie haben also die Qual der Wahl. Damit sich der Aufwand lohnt, müssen Sie sich über Ihre Ziele im klaren sein. (...)
(Freundin Nr. 9/95 vom 11.4.95, Berufsjournal)

Der Text wird hier nicht in konversationeller, mündlicher Diktion begonnen: insbesondere die komplexe DP *das in der Ausbildung erworbene Wissen* (vgl. o.) deutet eher auf "reportative"Schriftsprache hin. "Mündlichkeit" wird erst mit der NP-Aufspaltung etabliert und dann mit der direkten Ansprache der Leserin (*Sie, Ihre*) fortgesetzt. Auch hier findet sich NP-Aufspaltung also wieder an der Schnittstelle zwischen den beiden Modi.

In Beispiel (4-33) wird durchgehend ein konversationeller Modus gepflegt - allerdings der Leser/die Leserin nicht direkt angesprochen. Vielmehr handelt es sich um eine Replik (sic) auf den Aufruf der Gesellschaft für deutsche Sprache, Vorschläge für das Unwort des Jahres einzureichen. Die Institution wird angesprochen, ein Gesprächsbeitrag simuliert - der Text klingt äußerst ironisch:

(4-33) Das Unwort des Jahres? Ach, liebe Gesellschft für deutsche Sprache, *Unworte fallen einem viele ein*: Kerneuropa, Krisenreaktionskräfte, Rotlackiertefaschisten. Alles zum Schütteln. Aber *das* Unwort des Jahres? Des Superwahljahres? Des Superwahljahres! Moment mal, das Superwahljahr.
(Die Zeit Nr. 44 vom 28.10.94, S.1)

NP-Aufspaltung erscheint hier zusammen mit einer Reihe oraler sprachlicher Merkmale. Die Konstruktion übernimmt eine typische Diskursfunktion (bei mündlichen Texten) vor: gleichsam als Einleitung zu einer Aufzählung (vgl. Kap.5).

---

supports to the spoken medium. (...) What the fanzine style adds to the conventional institutional written sources of commentary on football matches is a strongly conversational and intimate mode, appealing more directly to a readership whose evaluation of football is typically spoken, around public-house tables, after the match. The football fanzines (as with other fanzine types) is therefore a very good example of a genre where the spoken mode is transmitted via the written medium." (S. 172/173)

4.4 Zusammenfassung

In Kapitel 4 wurde anhand der sprachlichen Erscheinungen, mit denen NP-Aufspaltung in authentischen Kontexten kookkurriert, Evidenz dafür beigebracht, daß NP-Aufspaltung als ein Phänomen primär der gesprochenen Sprache anzusehen ist. Die Konstruktion kann somit als ein Indikator (neben anderen) für den Modus der Mündlichkeit in schriftlichen Texten angesehen werden.

Die Betrachtung ausgewählter Genres schriftlicher Texte macht darüber hinaus deutlich, daß der Mündlichkeitsmodus unterschiedlichen Status haben kann. In literarischen Texten dient er u.a. der Simulation natürlicher Konversation. Er charakterisiert aber auch den Erzählmodus der Erlebten Rede. Dabei zeigte sich, daß NP-Aufspaltung, bezogen auf das untersuchte Datenkorpus, gerade beim Wechsel der Erzählmodi besonders häufig vorkommt. Ähnlich leitet NP-Aufspaltung in nicht-literarischen schriftlichen Texten häufig von berichtendem Text (Schreibmodus) in den Mündlichkeitsmodus über. Neben der Redewiedergabe bildet die Ansprache des gedachten oder eines fiktiven Rezipienten einen Rahmen, in dem NP-Aufspaltung als Indikator von Mündlichkeit erscheint. Diese modusidentifizierende Funktion, ist, wie aus den Beipielen in diesem Kapitel deutlich wurde, nur ein diskursfunktionaler Aspekt der NP-Aufspaltung. Ihr kommen weitere informationsstrukturierende und textbildende Funktionen zu, wie im folgenden Kapitel gezeigt wird.

5. Textstrukturierende Funktionen der NP-Aufspaltung

5.1 Textverknüpfung

In diesem Abschnitt wird NP-Aufspaltung im Hinblick auf die unmittelbare textuelle Umgebung, in der sie vorkommt, den Ko-Text, untersucht. Bei der Analyse der Beispiele des vorangegangenen Kapitels wurde u.a. deutlich, daß mittels NP-Aufspaltung eine Äußerung an eine vorangehende besonders eng gebunden werden kann (vgl. etwa Beispiel (4-30)). NP-Aufspaltung konstituiert in diesem Zusammenhang eine Kohäsionsbeziehung. Sie fungiert als Mittel kohäsiver Verknüpfung. Mit Kohäsion ist hier eine satzübergreifende (in Einzelfällen grammatische) Relation zwischen zwei Elementen in einem Text gemeint (vgl. VATER 1992, 32). HALLIDAY/HASAN 1991[3] definieren kohäsive Verknüpfung ("tie") als semantische Relation zwischen zwei Text-Elementen.

> In talking about texture, the concept that is most important is that of a TIE. The term itself implies a relation: you cannot have a tie without two members, and the members cannot appear in a tie unless there is a relation between them. ... If you think of a text as a continuous space in which individual messages follow each other, then the items that function as the two ends of the tie ... are spatially separated from each other; A may be part of one message and B part of another. But there is a link between the two ... The nature of this link is semantic: the two terms of any tie are tied together through some meaning relation. Such meaning relations form the basis for cohesion between the messages of a text.
>
> (HALLIDAY/HASAN 1991[3], 73)

Wie werden durch NP-Aufspaltung Verknüpfungen zum umgebenden Text hergestellt? Nehmen beide Teilketten der aufgespaltenen NP/DP an der Konstituierung dieser Beziehung teil? Wie sieht die Mitwirkung genauer aus?

Zunächst werden im folgenden verschiedene Arten von syntaktisch-semantischen Relationen untersucht, die zwischen einer Teilkette der aufgespaltenen NP/DP und einem Element im vorangehenden Text bestehen, vor allem also Arten anaphorischer Beziehung. Darauf folgt eine Analyse der kataphorischen Beziehungen, d.h. zwischen NP/DP-Teilketten und einem Element im nachfolgenden Text bestehenden Relationen.

5.1.1 Anaphorische Beziehungen

Anaphorische Beziehungen werden bei NP-Aufspaltung auf unterschiedliche Art und Weise etabliert. In spontan gesprochener Sprache ist das Mittel der Rekurrenz geläufig. Rekurrenz ist "die (materielle) Wiederaufnahme eines einmal eingeführten Textelements im nachfolgenden Text" (LINKE et al. 1994, 215), vgl. (5-1) und (5-2):

(5-1) A: Kurt, hier sind noch Brot und Brötchen.
B: *Brötchen* haben wir hier noch *eins*.
(Hörbeleg, Berg. Gladbach 13.4.81)

(5-2) A: Ich muß das Zeug noch in Koffer packen. Ich habe aber nur einen Koffer.
B: *Koffer* hab ich auch *keinen*.
(Hörbeleg Köln, 27.10.80)

In (5-1) und (5-2) wird in den B-Äußerungen mit der in das Vorfeld bewegten NP jeweils ein Lexem aus der vorangegangenen Äußerung wiederholt (*Brötchen - Brötchen*; *Koffer - Koffer)*. Zu beachten ist hier, daß die rekurrenten Nomina in beiden Fällen nicht referenzidentisch sind. Ferner, daß zwischen der Aufeinanderfolge der beiden Elemente ein Sprecherwechsel stattgefunden hat. Hier handelt es sich jeweils um Adjazenzpaare ("adjacency pairs"), die in Abschnitt 3.2 im Zusammenhang mit elliptischen Strukturen erwähnt werden.

Durch die Aufspaltung, die die NP in die Topik-Position bewegt, wird das Adjazenzpaar geradezu erst etabliert, d.h. die zweite Äußerung eng an die erste gebunden, wie ein Vergleich mit (5-1') und (5-2') verdeutlicht, in denen die DP nicht aufgespalten im Mittelfeld steht. Die A/B-Repliken bilden m.E. in (5-1') und (5-2') kein akzeptables Adjazenzpaar mehr:

(5-1') A: Kurt, hier sind noch Brot und Brötchen.
B: Wir haben hier noch *ein Brötchen*.

(5-2') A: Ich muß das Zeug noch in Koffer packen. Ich habe aber nur einen Koffer.
B: Ich habe auch *keinen Koffer*.

Die Sachlage im folgenden Beispiel (5-3) ist komplexer, denn hier liegt "doppelte" Rekurrenz vor: Die topikalisierte NP (*Ärztin*) bezieht sich auf eine DP (*'ne Ärztin*) in der Äußerung von Sprecherin B, während die Quell-DP im Mittelfeld (*keine*) sich auf die Verneinung (*nee; nich*) im vorausgehenden Satz, geäußert von Sprecher A, zurückbezieht:

(5-3) (*Ausschnitt aus einem Gespräch über eine Entbindung bei einer arabischen Frau in einem Kölner Krankenhaus*)
A: Sie sagte "I'm Arabic" und deckte sich das Gesicht zu. Dann war da nur eine Hebamme bei der Geburt dabei.
B: Und 'ne Ärzt**in**?
A: Nee, eben nich. *Ärztin* hatten wir grad *keine*.

(Hörbeleg Köln, 12.7.88)

Im Fall von *Ärztin* handelt es sich um eine einfache Wiederaufnahme, während *nee/nich* vs. *kein-* eine partielle Rekurrenz darstellt, da nicht dasselbe Lexem wiederaufgenommen wird, sondern nur das Bedeutungselement 'Negation'.

Durch Rekurrenz lexikalischer Elemente können aber nicht nur aufeinanderfolgende Sätze, sondern auch zwei Textabschnitte miteinander verknüpft werden, wie im Beispiel (5-4):

(5-4) Im Zug verlor sich die Spannung, spätestens vor der Stadt fuhr man heiter. Sie hatten ein ganzes Abteil für sich, Aron war stolz auf seinen kühnen Einfall. Unversehrt waren sie einer bedrohlichen Situation entronnen, und aus der Ferne, sagte er, sei jede Gefahr nur noch die Hälfte wert. Er sagte: "Kaum ein Mensch kommt in solchen Zeiten auf einen solchen Einfall." Irma lobte seine Kaltblütigkeit, meinte aber, für lauten Jubel sei es zu früh, am Zielort könnten unangenehme Überraschungen warten. Zum einen wisse niemand, ob nicht auch dort ein Aufruhr im Gange sei, sie habe in den letzten Tagen beiden Sprechern genau zugehört, bei beiden sei der Name Binz nie gefallen. "Und außerdem", sagte sie, "bin ich gespannt, wo wir wohnen werden."

Aufruhr gab es *keinen*, als sie am Nachmittag in Binz eintrafen, lag der kleine Bahnhofsvorplatz in solch schläfriger Ruhe, daß man denken konnte, wir sind in einem Ort vor dem Krieg. Aron ...

(Jurek Becker, Der Boxer. Frankfurt 1976, S. 256)

Im Gegensatz zu den vorgenannten Beispielen sind in (5-4) ursprüngliches und wiederaufgenommenes Element durch ein Stück Text voneinander getrennt. Dabei handelt es sich um die teils indirekte, teils direkte Wiedergabe einer Figurenrede, wobei *Aufruhr-1* der Figurenrede, *Aufruhr-2* (eher) der Erzählerrede zuzuordnen ist. Mit der NP-Aufspaltung beginnt, auch graphisch-drucktechnisch ausgewiesen durch eine Leerzeile, ein neuer Erzählabschnitt.

Der Verknüpfungsmechanismus ist in (5-4) komplexer als in den vorangegangenen Beispielen: Zum einen funktioniert er aufgrund der rekurrenten sprachlichen Elemente (*Aufruhr - Aufruhr*); zum anderen signalisiert die Aufspaltungskonstruktion 'Mündlichkeitsmodus' - und verweist damit zurück auf die Redewiedergabe im vorausgehenden Textabschnitt.

Eine anaphorische Beziehung kann auch durch eine elliptische Konstruktion hergestellt werden (vgl. Kap. 3.3). In diesem Fall ist ein aus dem Kontext rekonstruierbares Element auf der Oberfläche nicht phonologisch realisiert, wie *Schmuck* in der B-Replik in Beispiel (5-5) (=3-44):

(5-5) A: Man muß natürlich auch Opfer bringen, finanzielle. Aber Geld allein genügt nicht. Es sollte auch etwas sein, woran du hängst. Schmuck zum Beispiel.
B: Hab' ich keinen.
(ZDF, 12.02.90, 21.00 Uhr)

Der Rückverweis (von B zu A) wird durch eine Leerstelle/Lücke in der Topik-Position erzeugt, die als anaphorische Suchanweisung fungiert, vgl. LINKE et al. 1994, 222:

> Im Textzusammenhang interpretieren wir die vorhandenen Leerstellen offenbar als (anaphorische) Suchanweisung, d.h. wir überprüfen den vorausgehenden Satz auf syntaktisch passende sprachliche Einheiten, mit denen wir den elliptischen Ausdruck grammatisch korrekt ergänzen können, und stellen so gleichzeitig eine enge inhaltliche Verbindung zwischen den beiden Sätzen her.

In Beispiel (5-6) bezieht sich *Weinglas* auf *Biergläser* im vorangehenden Satz:

(5-6) Ich hab' Biergläser da rumstehen, ja. Aber *Weinglas* habe ich *kein einziges*.
(Hörbeleg Köln, 29.8.80)

Die beiden Nomina sind Ko-Hyponyme zum Lexem *Glas*. Sie sind partiell ähnlich, partiell verschieden. Das heißt, *Biergläser* und *Weinglas* enthalten jeweils alle Merkmalskomponenten von *Glas:* "Trinkgefäß", "durchsichtig", "hart", "leicht zerbrechlich" u.a. Mit ihren spezifischen Merkmalen (u.a. "Kelchform"/Weinglas vs."Becherform"/Bierglas) stehen sie in Kontrast zueinander und sind inkompatibel[66]. Mit der topikalisierten NP *Weinglas* wird also der Merkmalskomplex, über den beide Nomina gleichermaßen verfügen, wieder aufgenommen. Es handelt sich demnach um ein partielles Wiederaufgreifen von Bedeutungsmerkmalen aus dem Vortext.

Ein anderer Fall von Wiederaufnahme von Bedeutungsmerkmalen aus dem Vortext liegt in (5-7) vor. Auch hier bestimmen Hyponymie-Relationen die Textverknüpfungen:

(5-7) Dalmatiner, Dackel, Pudel. Schnauzer, Spitz und Dobermann. *Hunde* gibt es *viele*. Aber muß man sie deshalb auch alle halten?

(Kölner Stadtanzeiger vom 1./2.4., Modernes Leben, S.3)

Hunde, das Hyperonym zu den sechs Lexemen der beiden Aufzählungen, faßt genau die Bedeutungsmerkmale zusammen, die alle Nomina gemeinsam haben, während *viele* genau auf die spezifischen Merkmale zurückverweist, d.h. die Unterschiedlichkeit wiederaufgreift, die durch die Nennung der Rassenbezeichnungen ausgedrückt wird.

Ein anderer Typus von Textverknüpfung, der sich nicht ohne weiteres mithilfe semantischer Merkmale beschreiben läßt, wird zwischen *Hydranten* und *Wasser* im Beispiel (5-8) etabliert:

(5-8) Blankgeputzte Hydranten sind überall im Stadtbild zu sehen. Doch die Hydranten sind auch nur Show, sagen die Experten. Denn *Wasser* sei, wenn es gekracht habe, *keines* zu haben.

(Bayern 3, 21.9.90, 15.30 Uhr; Weltuntergang - Weltanfang.)

Zwischen *Hydranten* und *Wasser* besteht ein Sachzusammenhang, der aus außersprachlichen Wissensbeständen erschlossen werden kann. Wir wissen, daß Hydranten mit einem Deckel versehene, senkrecht stehende dicke Rohre sind, aus denen die Feuerwehr im Falles eines Brandes Wasser zum Löschen

66 Vgl. LYONS 1977, 291 - 295 für eine ausführliche Diskussion.

holt. Die Repräsentationen solcher Wissenskomplexe werden in der Kognitiven Linguistik "frames" genannt.[67] So kann man annehmen, daß *Wasser* zum "frame" von *Hydranten* gehört.[68]

In einigen Forschungsansätzen wird ein Unterschied zwischen "frames" und "scripts" gemacht: Während "frames" statisch organisierte Wissensbestände bezeichnen, die oft durch ein einzelnes Stichwort abrufbar sind, werden "scripts" als prozessual organisierte Wissenskomplexe aufgefaßt, die Handlungsmuster abbilden, (vgl. LINKE et al. 1994, 235f.).

Dieser Unterscheidung folgend, läßt sich für (5-9) annehmen, daß die beiden aufeinander bezogenen Textelemente dem gleichen (außersprachlichen) Handlungsmuster/script zuzuordnen sind, etwa 'Pressekonferenz'.

(5-9) Empty chairs in einem Interview mit dem palästinensischen Unterhändler: Aber Stühle hatten die Amerikaner gar nicht aufgestellt. Journalisten wurden nicht in den Saal gelassen. *Fotos* gab es *keine*.

(ARD Tagesschau am 4.12.91)

In diesem Textabschnitt ist ein Ausschnitt aus einem "script" abgebildet. Die Handlungsschritte sind durch die folgenden Propositionen wiedergegeben: 'Stühle aufstellen' > 'Journalisten in den Saal lassen' > 'Fotos machen/es gibt Fotos'. Kognitiv-semantisch sind die Propositionen also über das Handlungsmuster miteinander verbunden.
Eine weitere Verknüpfung findet sich aufgrund struktureller Parallelität: In den drei aufeinanderfolgenden Sätzen steht jeweils ein lexikalisches Element (eine pluralische NP) im Vorfeld *Stühle*, *Journalisten*, *Fotos*. Diese strukturelle Parallelität läßt sich im dritten Satz nur durch die Aufspaltung der DP *keine Fotos* erreichen.
Mit der Rekurrenz der Negationen *nicht - nicht - keine* ist eine dritte Verknüpfungskette gegeben. Dadurch, daß im dritten Satz *keine* verwendet wird - *nicht* wäre hier auch möglich -, ist es innerhalb der Rekurrenzkette markiert. Durch die Aufspaltungskonstruktion und seine Endstellung im Satz erhält *keine* ein besonderes kommunikatives Gewicht.

67 WETTLER 1980 gibt einen ausführlichen Überblick über die älteren Konzeptionen von "frames". Neuere Arbeiten werden in SCHWARZ 1992 vorgestellt.

68 Es ist darauf hinzuweisen, daß es sich bei dieser Art von Beziehung zwischen zwei Textelementen nicht mehr um Kohäsion im oben definierten Sinne handelt.

Insgesamt läuft dieser Textabschnitt gleichsam auf die Aussage *"Fotos gab es keine"* hinaus. Die Hauptinformation des Abschnitts, in dem ja noch nicht die eigentliche Nachricht, sondern die Erklärung an den Zuschauer gegeben wird, warum zur Nachricht keine Bilder, wie vom Medium Fernsehen normalerweise erwartet, gezeigt werden, kristallisiert sich erst hier.

Mit diesem Beispiel möchte ich die Analyse anaphorischer Textverknüpfungen abschließen. Es hat sich gezeigt, daß die Verknüpfung in erster Linie durch die semantisch-lexikalische Relation, die zwischen dem topikalisierten Lexem (NP) und dem ihm jeweils vorangehenden Element besteht, etabliert wird. Die Art der semantischen Relation kann dabei unterschiedlich sein. Es ist zu vermuten, daß sich - bei entsprechendem Sample-Umfang - alle Relationen, die prinzipiell zwischen Nomina möglich sind, auch in diesem Verwendungszusammenhang finden lassen.

5.1.2 Kataphorische Beziehungen

Die Belege, in denen durch NP-Aufspaltung eine kataphorische Verknüpfung etabliert wird, sind im Vergleich zu denen, die eine anaphorische herstellen, weniger häufig und zeigen auch ein geringeres Variationsspektrum hinsichtlich der Art der Relationen.

Sehr geläufig ist NP-Aufspaltung in der Form *'x gibt es viele: ...'* quasi als Einleitung einer Aufzählung. X steht für die topikalisierte NP, die sich in vielen Beispielen auf ein vorerwähntes Nomen bezieht (oft rekurrent), während *viele* auf die nachfolgenden Elemente verweist, vgl. (5-10):

(5-10) *Masken* gibt's *viele*: cremige, schaumige und solche aus Gel. Masken gibt es für alle Gelegenheiten: als Muntermacher, zur intensiven Pflege, zur gründlichen Reinigung. Interessiert es Sie, wie sie sich unterscheiden, wie sie wirken?
(Freundin 26/87, S.88)

Das Beispiel (5-10) ist der Vorspann zu einem Artikel mit dem Titel "Was Masken alles für die Haut tun können". Mit *Masken* wird dasjenige Lexem aus der Überschrift wiederaufgenommen, das das Thema des Artikels bezeichnet. Gleichzeitig verweist *Masken* auch auf den nachfolgenden Text. Erstens etabliert es die sprachliche Einheit, durch die die Lücken in der el-

liptischen Aufzählung (*cremige [MASKEN], schaumige [MASKEN]*) interpretiert werden können, denn *Masken* ist der Topikausdruck (vgl. Kap. 3.3). Zweitens wird das Lexem *Masken* im nachfolgenden Satz noch einmal aufgenommen, bildet in (5-10) also eine Kohäsionskette, zu der die im weiteren Textverlauf auftretenden Pronomina (*sie*) ebenfalls gehören.
Mit *viele* wird eine unbestimmte Menge (an Masken) "global" antizipiert; diese Menge wird im folgenden durch eine Aufzählung der einzelnen Teilmengen qualitativ näher bestimmt.

Auch in (5-11) leitet NP-Aufspaltung gleichsam eine Aufzählung ein. Die Verknüpfung zwischen den Teilen der aufgespaltenen Nominalphrase und dem umgebenden Text ist hier anders strukturiert als in (5-10).

(5-11) Das Unwort des Jahres? Ach, liebe Gesellschaft für deutsche Sprache, *Unworte* fallen einem *viele* ein: Kerneuropa, Krisenreaktionskräfte, Rotlackiertefaschisten. Alles zum Schütteln. Aber *das* Unwort des Jahres? Das Unwort des Wahljahres? Des Superwahljahres? Des Superwahljahres! Moment mal, das Superwahljahr.

(Die Zeit Nr. 44 vom 28.10.94, S.1)

Die topikalisierte NP *Unworte* greift, ähnlich wie *Masken* in (5-10), ein Lexem aus dem vorausgehenden Text auf und verweist gleichzeitig auf die Elemente der nachfolgenden Aufzählung. Hier aber gibt es keine Ellipsen, keine Lücken, die durch *Unworte* interpretiert werden müssen, vielmehr bilden die Lexeme *Kerneuropa, Krisenreaktionskräfte, Rotlackiertefaschisten* Elemente aus dem Wortfeld/der Menge der "Unworte", sind Beispiele dafür.
Viele verweist auch in diesem Beispiel auf eine unbestimmte Menge; aus dieser werden in der Aufzählung einzelne Elemente zur Illustration aufgeführt.

In (5-12) sind sowohl die topikalisierte NP wie auch *viele* kataphorisch verwendet:

(5-12) Gretel Adorno, 91. Namen hatte sie viele. Brief- und Gesprächsfreund Walter Benjamin nannte sie Felizitas, wenn er von unterwegs schrieb, und Ehemann Theodor Adorno, dessen Familiennnamen Wiesengrund sie nur kurz führen mußte, erklärte sie zu seinem "Drachodonten". Das hatte Margarete Karplus (...), 1902 in Berlin geboren, so gewollt. ...

(Der Spiegel 30/1993, S. 184.)

In diesem Beispiel folgt auf die durch NP-Aufspaltung gegebene Einleitung keine Aufzählung von Einzelelementen wie in den obigen Textausschnitten. Hier bilden (Teil-)Sätze die Glieder der Aufzählung, die sich somit über eine längere Passage erstreckt. *Namen* verweist auf lexikalische Elemente, die in diesen Sätzen vorkommen, und bildet den Oberbegriff zu *Felizitas, Wiesengrund, "Drachodonten"* und *Margarete Karplus*. Auch hier kann man von einer Art Menge-vs.-Element-Relation sprechen.

Viele läßt sich wiederum als Verweis auf eine Menge unbestimmter Größe interpretieren. Im Unterschied zu (5-10), wo auf ganze Klassen/Teilmengen verwiesen wird, erfolgt hier ein Verweis auf die einzelnen Elemente einer Klasse. Die vorgenannte Menge wird durch die nachfolgenden Lexeme, die in semantisch-lexikalischer Relation zu *Namen* stehen, gleichsam enumerativ expliziert.

Ein zweiter Bereich, in dem NP-Aufspaltung häufig in kataphorischer Funktion vorkommt, kann als Ausdruck einer Gegenüberstellung beschrieben werden, vgl. (5-13):

(5-13) Sophia kam in Lubcha, einem kleinen Ort in Belorußland, zur Welt. *Spielzeug* gab es *keines*, dafür Wiesen mit Narzissen, Veilchen und Wildkräutern. Dabei war es nicht die Schönheit der Natur, die das Kind faszinierte: "Es waren die Gerüche, die ich mir geradezu bildlich vorstellen konnte."

(Der Spiegel Nr. 50/1994 vom 12.12.1994, S.79)

Spielzeug und *Wiesen mit* ... stehen einander in diesem Beispiel gegenüber, wobei die Relation zwischen den beiden Nominalphrasen syntaktisch etabliert wird, nicht, wie oben, über gemeinsame semantisch-lexikalische Merkmale. Die beiden Nominalphrasen haben die gleiche syntaktische Funktion, sie bilden die Akkusativobjekte zu *gibt es*, welches im zweiten Teilsatz zu ergänzen ist. Kohäsion zwischen den beiden Sätzen entsteht hier durch die Ellipse und die parallele Satzstruktur.

In (5-14) ist der Text eines Radiowerbespots wiedergegeben. Das Produkt, für das geworben wird, soll natürlich gegenüber der Konkurrenz herausgestellt werden. Dies geschieht hier durch Kontrastierung von *viele* vs. *ein-*.

(5-14) *Joghurts im Pfandglas* gibt es *viele*. Aber nur einer wird mit der rahmig-frischen Landliebe-Milch gemacht. Für nur einen kommt diese Milch mit natürlichem Fettgehalt von ausgewählten Landliebe-Bauernhöfen. Und bei nur einem werden die Früchte mit Landliebe-Sorgfalt ausgewählt. Deshalb kommt bei uns nur einer ins Pfandglas: der Original Fruchtjoghurt von Landliebe. Alles Gute vom Land. Landliebe.

(Rundfunkspot für "Landliebe"-Joghurt; WDR2, Mai 1994)

Der Spot wird unmittelbar eingeleitet mit der NP-Aufspaltungskonstruktion *Joghurts im Pfandglas gibt es viele*. Beide Teilketten der aufgespaltenen DP verweisen hier kataphorisch, und zwar *viel-* auf ein Element im näheren Kotext, *Joghurts im Pfandglas* auf das Textende. *Viele* wird mit *ein-* kontrastiert, das im nachfolgenden Text viermal in unterschiedlichen Kontexten wiederholt wird. *Viel-* und *ein-* bilden semantisch einen Kontrast: Ersteres bezeichnet eine unbestimmte Menge mit einer größeren Anzahl von Elementen, letzteres kennzeichnet eine Einermenge. Die Lexeme *Joghurt* und *Pfandglas* werden erst zum Schluß des Werbespots wieder aufgenommen. Durch diese Rekurrenz sind Textbeginn und Textende eng miteinander verknüpft.

Soviel zur Analyse der kataphorischen Verknüpfungen. Sie werden im Zusammenhang mit der Informationsgliederung noch einmal kurz behandelt.

Die Untersuchung ausgewählter Beispiele von anaphorischer und kataphorischer Textverknüpfung mit NP-Aufspaltung macht deutlich, daß die beiden Teilketten, topikalisierte NP und Rest-DP im Mittelfeld, zumeist nicht gemeinsam verweisen, sondern jeweils an andere Elemente in dem sie umgebenden Text geknüpft sind. Dabei lassen sich, vereinfacht, folgende Verknüpfungsmuster unterscheiden:

1. Topikalisierte NP und Rest-DP verweisen beide anaphorisch, vgl. (5-3):

(5-3) (Ausschnitt aus einem Gespräch über eine Entbindung bei einer arabischen Frau in einem Kölner Krankenhaus)

A: Sie sagte "I'm Arabic" und deckte sich das Gesicht zu. Dann war da nur eine Hebamme bei der Geburt dabei.

B: Und 'ne Ärzt**in**?

A: Nee, eben nich. *Ärztin* hatten wir grad *keine*.

(Hörbeleg Köln, 12.7.88)

2. Topikalisierte NP und Rest-DP verweisen beide kataphorisch; in der Regel, wenn die NP-Aufspaltung einen Text einleitet, vgl. (5-10):

(5-10) *Masken* gibt's *viele*: cremige, schaumige und solche aus Gel. Masken gibt es für alle Gelegenheiten: als Muntermacher, zur intensiven Pflege, zur gründlichen Reinigung. Interessiert es Sie, wie sie sich unterscheiden, wie sie wirken?

(Freundin 26/87, S.88)

3. Die topikalisierte NP verweist anaphorisch, und die Rest-DP kataphorisch, vgl. (5-11):

(5-11) Das Unwort des Jahres? Ach, liebe Gesellschaft für deutsche Sprache, *Unworte* fallen einem *viele* ein: Kerneuropa, Krisenreaktionskräfte, Rotlackiertefaschisten. Alles zum Schütteln. Aber *das* Unwort des Jahres? Das Unwort des Wahljahres? Des Superwahljahres? Des Superwahljahres! Moment mal, das Superwahljahr.

(Die Zeit Nr. 44 vom 28.10.94, S.1)

Ein Fall, der nach Datenlage nicht vorkommt, ist der, daß die topikalisierte NP kataphorisch und die Rest-DP anaphorisch verweist. Der Grund dafür ist vermutlich in allgemeinen Prinzipien der Informationsgliederung zu suchen.

5.2 NP-Aufspaltung und Informationsgliederung

NP-Aufspaltung hat, wie im vorangegangenen Abschnitt gezeigt, u.a. kohäsionsstiftende Funktion, indem topikalisierte NP und Rest-DP auf vielfältige Weise Bezüge zum umgebenden Text herstellen. Im folgenden Abschnitt soll exemplarisch untersucht werden, wie die Information in einem Satz mit NP-Aufspaltung gegliedert ist und welcher informationelle Status den beiden Teilketten jeweils zugewiesen wird.

Die Analyse der Thema-Rhema-Gliederung[69] gibt Aufschluß über die kommunikative Gewichtung der einzelnen Satzglieder. "Thema" wird hier nach

69 Die Begriffe "Thema" und "Rhema" werden, je nach Forschungsansatz, unterschiedlich definiert. Ältere Ansätze werden genannt in WEISS 1975. Einen Überblick über den aktuellen Forschungsstand vermitteln ABRAHAM W., H.W. EROMS, O.E. PFEIFFER (eds.) 1992.

einem gängigen Ansatz verstanden als der Teil der Äußerung, über den etwas gesagt wird, "Rhema" umfaßt denjenigen Teil der Äußerung, der über das Thema etwas aussagt. Vgl. etwa HOFFMANN 1992, 31 und 33:

(F1) Unter einem THEMA verstehen wir den kommunikativ konstituierten Gegenstand oder Sachverhalt, über den in einem Diskurs oder Text(-teil) fortlaufend etwas gesagt wird.

(F2) Ein sprachlicher Ausdruck wird THEMATISCH verwendet (abgekürzt: ist thematisch), wenn damit auf ein Thema verwiesen wird.

...

(F3) Unter einem RHEMA verstehen wir das, was charakterisierend über ein Thema gesagt wird.

(F4) RHEMATISCH sind Ausdrücke, die ein Rhema konstituieren.

Appliziert auf Beispiel (5-14) ergäbe dies:

(5-14) [Joghurts im Pfandglas]$_{TH}$ gibt es [viele]$_{RH}$. Aber nur einer wird mit der rahmigfrischen Landliebe-Milch gemacht. Für nur einen kommt diese Milch mit natürlichem Fettgehalt von ausgewählten Landliebe-Bauernhöfen. Und bei nur einem werden die Früchte mit Landliebe-Sorgfalt ausgewählt. Deshalb kommt bei uns nur einer ins Pfandglas: der Original Fruchtjoghurt von Landliebe. Alles Gute vom Land. Landliebe.

(Rundfunkspot für "Landliebe"-Joghurt; WDR2, Mai 1994)

Nach der o.a. Definition ist *Joghurts im Pfandglas* thematisch, (damit ist der Gegenstand/Sachverhalt bezeichnet, über den etwas gesagt wird). Da die topikalisierte NP am Textanfang steht, führt sie gleichzeitig in das Thema des Gesamttextes ('Joghurts') ein. Die Rest-DP im Mittelfeld *viele* muß hingegen verstanden werden als Aussage über die topikalisierte NP: daß eine Menge unbestimmten Umfangs von diesem Gegenstand existiert. Das Verb *(es) gibt* kann hier nicht als einziges rhematisches Element aufgefaßt werden, da es für sich genommen geringen Informationswert hat (vgl. Kap. 4.2.1: 'Ausdruck der allgemeinen Existenz'), und eine genauere Aussage über den Gegenstand erst in Kombination mit *viele* konstituiert wird.

Die nicht-aufgespaltene Variation zeigt eine etwas andere Informationsstruktur:

(5-14') Es gibt [viele Joghurts im Pfandglas]$_{TH}$.

Diese Äußerung scheint eher so verstanden zu werden, daß *viele Joghurts im Pfandglas* thematisch ist, d.h. eine unbestimmte Menge einer Sache konstituiert den Gegenstand des Diskurses. Mit *(es) gibt* wird lediglich der Zustand der Existenz dieses Gegenstandes ausgedrückt, bzw. der (gedachte) Sprecher behauptet, daß der Gegenstand existiert (vgl. SCHUMACHER 1986, 71).

Nur die Existenz eines Gegenstandes zu konstatieren, ist natürlich mit diesem Werbespot (5-14) nicht intendiert: Der Sprecher will auf die Menge des thematisierten Gegenstandes *('Joghurts im Pfandglas')* verweisen, aus der sich das beworbene Produkt heraushebt. Dafür spricht u.a. die viermalige Rekurrenz von *ein-* im nachfolgenden Text und die Verteilung der Foki im Intonationsverlauf. Wie die in 5.3 abgebildete F0-Kurve (Abb. 1a) zeigt, sind die Elemente *Joghurts, Pfandglas* und *viele* intonatorisch durch erhöhte F0-Werte markiert (ebenso *ein-* in allen Vorkommenskontexten, was in den hier abgebildeten Ausschnitten nicht zu sehen ist).

In diesem Beispiel ist die in dem topikalisierten Teil der DP enthaltenen Information thematisch - das wäre sie auch ohne Aufspaltung. Durch die Aufspaltung werden jedoch die im Mittelfeld verbliebenen Elemente der DP rhematisiert (*viele)*.

Diese Zusammenhänge werden im Beispiel (5-15) deutlich:

(5-15) W: Wie verarbeiten Sie Enttäuschungen?
N: Hm. Enttäuschungen. Na gut, Enttäuschungen habe ich schon einige gehabt.

(ZDF, Willemsens Woche am 2.12.94)

Aus der zweimaligen Wiederholung im Text, vor dem Auftreten der NP-Aufspaltung wird deutlich, daß *Enttäuschungen* thematisch im Fokus steht, d.h. Träger der von den Sprechern für wichtig gehaltenen Information ist. Syntaktisch wird das Lexem bei der zweiten Rekurrenz durch die Topikalisierung hervorgehoben. Aber auch das rhematische *einige*, erfährt eine Hervorhebung durch seine Position unmittelbar vor der rechten Satzklammer. Hier wird die eigentliche Aussage über *Enttäuschungen* gemacht. Das heißt, mit den hervorgehobenen Satzteilen *Enttäuschungen* und *einige* sind die

Hauptinformationen benannt. Sie bilden quasi die "Schlüsselwörter" zum Gesamtverständnis der Aussage.
Lautete die Antwort auf die Frage allerdings *Hm. Enttäuschungen. Na gut, ich habe schon einige Enttäuschungen gehabt* so würde *Enttäuschungen* zugunsten von *ich* aus dem Fokus genommen. Es bildete dann keinen so klaren Informationsschwerpunkt mehr.

Die Wirksamkeit von Informationsgliederung anhand von NP-Aufspaltung läßt sich auch an elliptischen Konstruktionen nachweisen, wie in Kapitel 3.3 bereits angedeutet wird. Lexikalische Einheiten, "die eine beibehaltene Topik ausdrücken, können p-reduziert werden" (KLEIN 1993, 791). Nach HOFFMANN 1992, 37 können sie ein Thema fortführen, "solange die betreffenden thematischen Elemente noch im Fokus sind". Vgl. (5-5) (=3-44):

(5-5) A: Man muß natürlich auch $[\text{Opfer}]_{TH}$ bringen, $[\text{finanzielle}]_{TH}$.

Aber $[\text{Geld}]_{TH}$ allein genügt nicht. Es sollte auch $[\text{etwas}]_{TH}$ sein,

woran du hängst, $[\text{Schmuck}]_{TH}$ zum Beispiel.

B: $[\text{SCHMUCK}]_{TH}$ hab' ich keinen.

In der Äußerung von A findet sich eine Abfolge von Ausdrücken[70], gekennzeichnet mit dem Index "TH", die alle das Thema "finanzielle Opfer" fortführen. Sie sind im Fokus und bilden den Schwerpunkt der zu vermittelnden Information. Diesen thematischen Ausdrücken sind jeweils rhematische zugeordnet, z.B. *[Geld]*$_{TH}$ *[allein genügt nicht]*$_{RH}$.
Die Äußerung von B führt das Thema durch eine Ellipse $[\text{SCHMUCK}]_{TH}$ fort. Das Thema ist noch im Fokus, weil über den Schmuck die Aussage gemacht wird, daß der Sprecher/die Sprecherin keinen hat.
Folgt hingegen auf die Aussage von A die Replik (5-5')

(5-5') Ich habe keinen [SCHMUCK].

70 HOFFMANN 1992 geht näher auf Prinzipien der Themafortführung ein. Daraus folgt, "daß bestimmte Abfolgen von Ausdrucksklassen bei konstantem Thema präferiert sind" (S.37). Zu diesen zählen u.a. die Abfolgen "Eigenname > definite Kennzeichnung > Anapher" oder "spezifischere > unspezifischere definite Kennzeichnung" (S.39)

findet ein Fokuswechsel statt. Die Ellipse ist weiterhin interpretierbar, aber dadurch, daß die Lücke nicht mehr in Erstposition steht, trägt die Ellipse nicht zur Themafortführung bei. Der Gegenstand, über den eine Aussage gemacht wird, ist der Sprecher/die Sprecherin *(ich)* und nicht *Schmuck*. Die Aussage über den 'Gegenstand' (*ich*) lautet: *'keinen Schmuck haben'*.

Trägt NP-Aufspaltung in den genannten Beispielen zur Themafortführung bzw. zur Aufrechterhaltung des Fokus bei, so kann sie in anderen Kontexten Themenwechsel signalisieren, vgl. (5-16):

(5-16) Seit 1800 wurde die Mädchenausbildung vorwiegend Privatschulen überlassen. Bis 1870 gab es nur 115 öffentliche Mädchenschulen. *Lehrerinnenseminare* gab es bis 1874 *nur fünf staatliche*; 10 höhere Töchterschulen hatten die Erlaubnis, im Anschluß an die reguläre Schulzeit in Seminaren Lehrerinnen auszubilden.
(Drewitz 1983, 153)

Zu Beginn dieses Abschnittes wird mit den (thematischen) Ausdrücken *Privatschulen > öffentliche Mädchenschulen* ein Thema TH1 konstituiert (die Ausdrücke beziehen sich auf den gleichen Sachverhalt: 'Mädchenausbildung')). Mit *Lehrerinnenseminare* wird auf einen anderen Sachverhalt verwiesen. Hier tritt ein anderer Aspekt in den Vordergrund, über den im weiteren Textverlauf Aussagen gemacht werden - womit Thema TH2 des Gesamttextes konstituiert wird.

Die diskutierten Beispiele müssen auf dem Hintergrund der in Kapitel 4 gefundenen Ergebnisse interpretiert werden: NP-Aufspaltungen kommen in der Regel mit lexikalisch wenig spezifischen, bedeutungsarmen Verben vor. Die topikalisierte NP und die im Mittelfeld verbleibende DP bilden darüber hinaus zumeist die einzigen nicht-pronominalen (nominalen) Einheiten .

Mit der Aufspaltung einer Nominalphrase macht der Sprecher von der Möglichkeit Gebrauch, ein Element/eine Phrase in der linearen Abfolge hervorzuheben. Die topikalisierte NP wird "thematisiert"/fokussiert, und dem Hörer/Leser wird gleichsam eine Anleitung gegeben, von welcher Perspektive aus er die übrige Information zu verstehen soll.

Die Rest-DP erhält in diesen Kontexten ebenfalls ein stärkeres kommunikatives Gewicht. Gleichzeitig erfährt sie eine Umdeutung: Sie soll vom Hörer rhematisch interpretiert werden, als Aussage über die topikalisierte Einheit.

5.3 Exkurs: Phonetische Untersuchung zweier Datensätze

NP-Aufspaltung ist eine syntaktisch konstituierte Konstruktion des mündlichen Sprachgebrauchs. Sie dient, wie oben gezeigt, u.a. der Informationsgliederung und der Topik-Fokus Strukturierung, insbesondere der "Absetzung" und Hervorhebung von Elementen.

Zur Ergänzung der obigen Analyseergebnisse wurden zwei Belege, die in Form von Tonbandprotokollen vorliegen, exemplarisch einer akustisch phonetischen Analyse unterzogen.[71] Die Fragestellung war die folgende: Gibt es neben der (markierten) syntaktischen Form eine spezielle phonetische, i.e. intonatorische Form? Genauer: Haben die Elemente, die syntaktisch hervorgehoben sind (NP in der Topik-Position und Rest-DP im Mittelfeld) eine Entsprechung in akustischen Parametern wie F0-Verlauf?

Der akustischen Untersuchung liegt die Auffassung zugrunde, daß die Äußerungen (5-14)(a)/(b) und (5-17)(a),(b),(c) jeweils eine Intonationseinheit bilden, die aus mehreren Akzenteinheiten besteht. Der Akzent, der hervorgehoben ist, wird im folgenden Satzakzent genannt. Er ist in der vorliegenden Analyse durch den höchsten Grundfrequenzwert gekennzeichnet.

> Er (der Satzakzent oder "Fokus", G.K.) hat die höchste Stellung in der Hierarchie aller Akzente inne und stellt daher ein wesentliches Element der Gestaltung der Intonationseinheit dar. In vielen Fällen kann der Fokus verschoben werden, und die jeweilige Position erzeugt jedesmal eine neue expressive bzw. konnotative Intonationsvariante. Der Hauptakzent kumuliert häufig den größten semantischen Gehalt und meistens auch die höchsten Grundfrequenz-, Intensitäts- und Dauerwerte, die in der betreffenden Intonationseinheit vorkommen.
>
> (NEPPERT/PETURSSON, 1992[3], 141)

Die Daten wurden digitalisiert und der F0-Verlauf (= Tonhöhe/ Grundfrequenz), der als wichtigstes intonationskonstituierendes Element angesehen werden kann, extrahiert.[72]

---

71 Die Analyse der Tonbandmitschnitte wurde mithilfe des Software-Programms Phoenix, das von Dr. O. Esser am Phonetischen Institut der Universität Köln entwickelt wurde, unter dessen Anleitung unternommen. Dieses Programm ermöglicht eine sehr detaillierte Analyse gesprochener Daten.

72 Neben der Grundfrequenz sind Elemente wie Intensität, Längung etc. wichtig für die Intonation (vgl. NEPPERT/PÉTURSSON 1992, 135f.) Sie wurden hier ausgeklammert.

Zu jedem authentischen Beleg wurden anschließend Varianten aufgenommen, in denen die entsprechende NP/DP nicht aufgespalten ist. Sie wurden in gleicher Weise analysiert und mit den Original-Belegen verglichen.

In den nachstehenden Abbildungen sind die akustischen Charakteristika der Originalbelege und die der konstruierten Varianten dargestellt. Im einzelnen enthalten sie folgende Informationen:

1. Im oberen Teil ist jeweils ein Oszillogramm abgebildet. Es stellt den Signalverlauf dar.

2. In der Mitte befindet sich ein Spektrogramm. Es zeigt die spektrale Intensität im Zeitverlauf.

3. Im unteren Bereich der Abbildung ist die F0-Kurve wiedergegeben.

Die Daten des Oszillogramms und des Spektrogramms können für die o.a. Fragestellung vernachlässigt werden. Im folgenden soll zur Feststellung der Akzentuierung nur der F0-Kurvenverlauf näher betrachtet werden.

Abbildung 1a repräsentiert die Äußerung:

(5-14)(a) Joghurts im Pfandglas gibt es viele.

Die Satzintonation erreicht im Wort *Joghurts* ihr Maximum und baut sich über den weiteren F0-Verlauf langsam ab. Bei *Pfandglas* und *viele* erfolgen kurze Anhebungen der Kurve durch den Wortakzent. Das heißt, der für einen deutschen Aussagesatz zu erwartende kontinuierliche Abbau der Grundfrequenzkurve wird bei *viele* durch vergleichsweise starke Anhebung gestört.

Im Gegensatz dazu findet im F0-Verlauf der unaufgespaltenen Konstruktion

(5-14)(b) Es gibt viele Joghurts im Pfandglas.

nach dem Satzakzent (bei *viele*) ein kontinuierlicher Abbau statt, wie Abbildung 1b zeigt.

Abbildung 1a: Joghurts im Pfandglas gibt es viele.

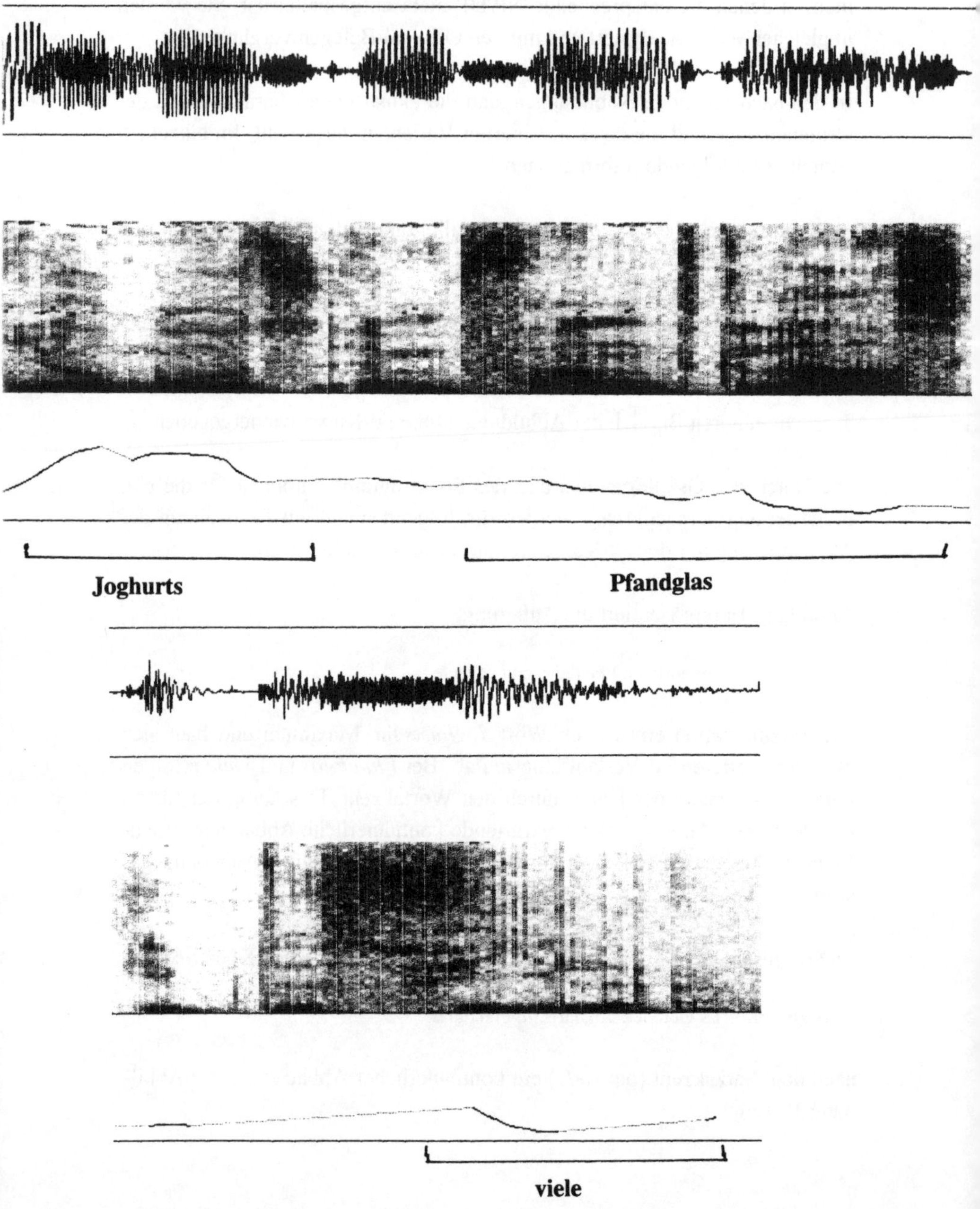

Abbildung 1b: Es gibt viele Joghurts im Pfandglas.

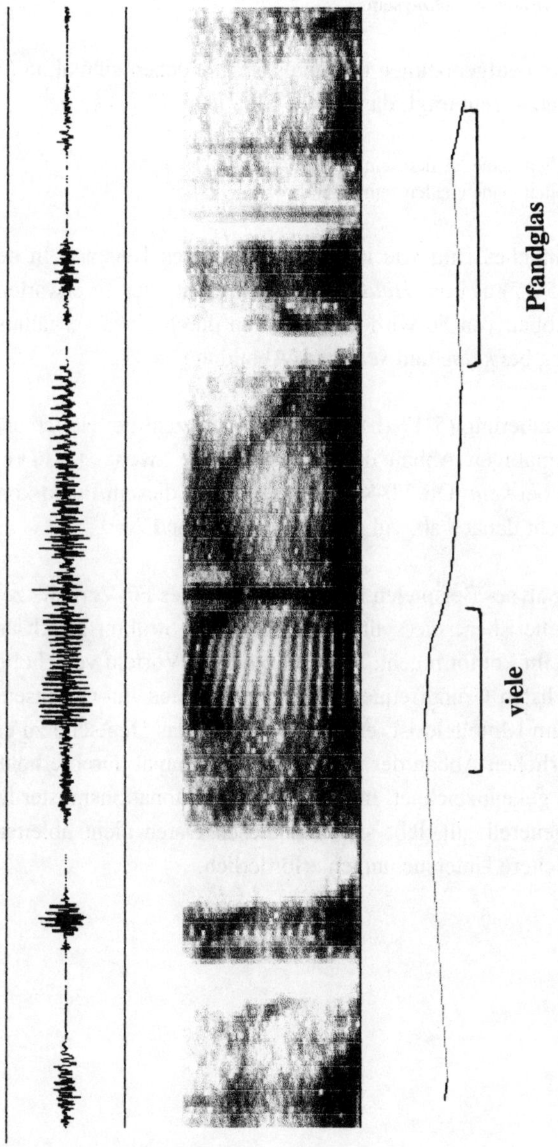

Erläuterung zu Beispiel 2: Zur Äußerung

(5-17)(a) *Helden* wollen wir *keine* sein.

wurden zwei Varianten aufgenommen und analysiert, in denen einmal, in (5-17)(b), *wollen* den Satzakzent trägt, das andere Mal, in (5-17)(c) *keine*.

(5-17)(b) Wir wollen keine Helden sein.
(5-17)(c) Wir wollen keine Helden sein.

Es zeigt sich ein ähnliches Bild wie im oben diskutierten Beispiel. In der Original-Äußerung (5-17)(a) trägt *Helden* den Satzakzent. Der zu erwartende kontinuierliche Abbau von F0 wird unterbrochen durch einen verhältnismäßig starken Anstieg bei *keine* und *sein*; vgl. Abbildung 2a.

Die erste Vergleichsäußerung (5-17)(b) zeigt den Satzakzent bei *wollen* und danach einen gleichmäßigen Abbau der F0-Kurve. Die zweite, (5-17)(c), trägt den Satzakzent bei *kein*: Die F0-Kurve steigt bis zu diesem Punkt kontinuierlich an und flacht danach ab, vgl. Abbildungen 2b und 2c.

Bei diesen beiden Analyse- Beispielen läßt sich anhand des F0-Verlaufs zeigen, daß die akustische Ebene die syntaktisch markierte Struktur gleichsam unterstreicht und mit ihr konform geht. Das heißt, die ins Vorfeld verschobene NP trägt den höchsten Grundfrequenzwert der gesamten Intonationseinheit. Die (Rest-)DP im Mittelfeld ist, entgegen dem für das Deutsche zu erwartenden kontinuierlichen Abbau der F0-Kurve noch einmal durch erhöhte Grundfrequenzwerte gekennzeichnet. Inwieweit dieses Intonationsmuster für NP-Aufspaltungen generell gilt, läßt sich aus diesen Daten nicht ableiten. Dazu sind umfangreichere Untersuchungen erforderlich.

Abbildung 2a: Helden wollen wir keine sein.

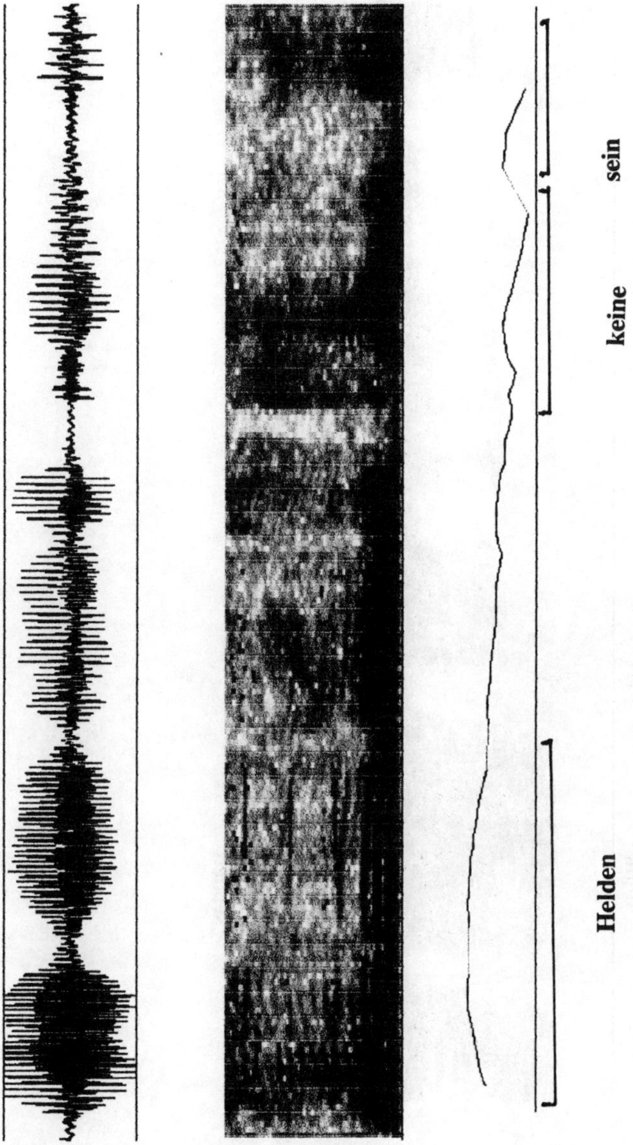

Abbildung 2b: Wir <u>wollen</u> keine Helden sein.

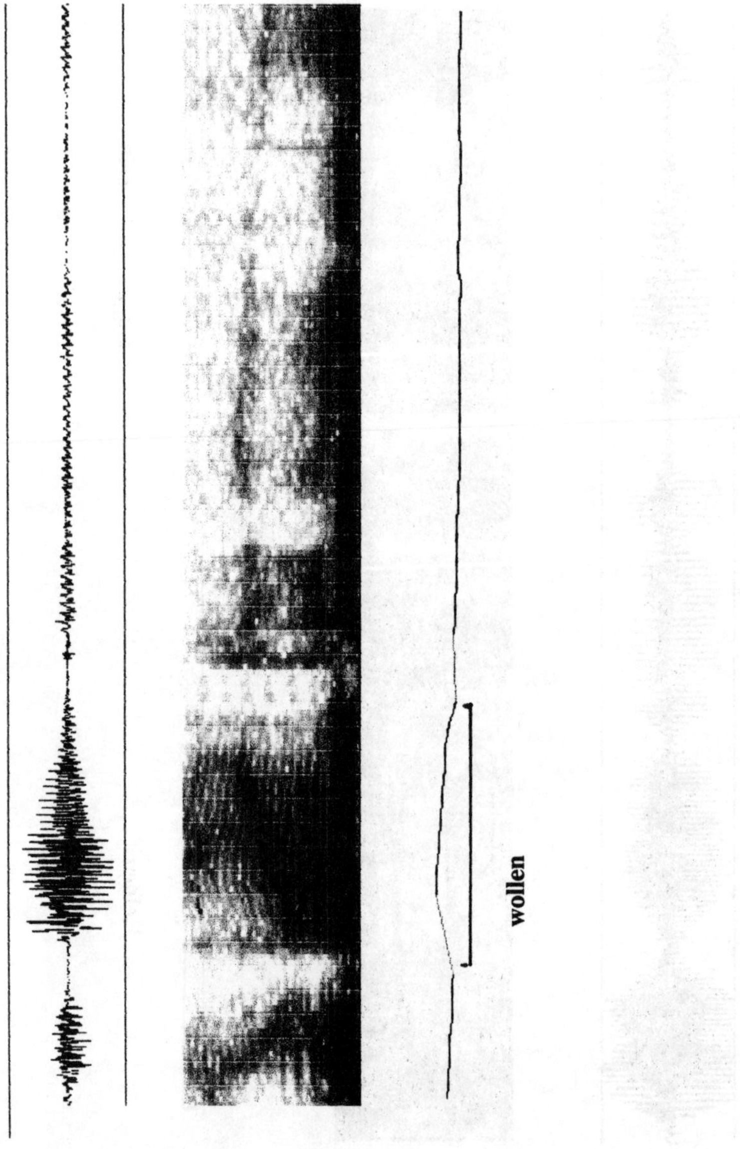

Abbildung 2c: Wir wollen <u>keine</u> Helden sein.

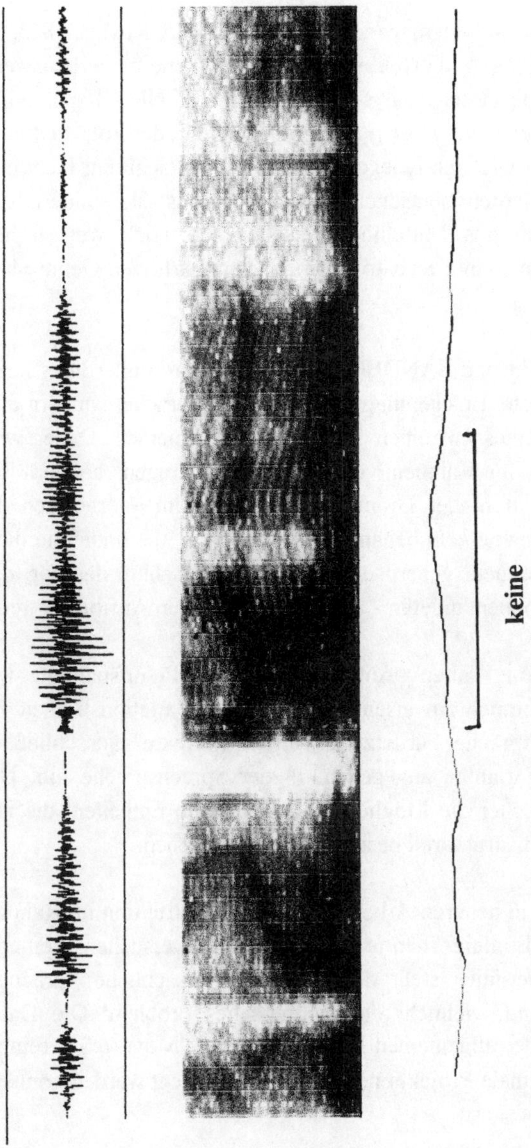

6. Zusammenfassung

Einige ältere oder alte Arbeiten, wie die von GRIMM/GRIMM 1873, D. SANDERS 1895 und PAUL 1916 u.a. zeigen bereits eine bemerkenswerte Sensibilität und Schärfe in der Analyse des Phänomens "NP-Aufspaltung" - Konstruktionen wie *Beispiele dafür gibt es viele* -, die in der Folgezeit nicht immer anzutreffen ist. Zugleich belegen sie, daß NP-Aufspaltung nicht eine Erscheinung des modernen deutschen Sprachgebrauchs ist, sondern sich sprachgeschichtlich bis ins Mittelhochdeutsche (und noch weit früher) zurückverfolgen und aus einer Konstruktion mit dem partitiven Genitiv herleiten läßt.

GRIMM/GRIMM 1873 und SANDERS 1895 sehen darin allerdings keine grammatisch-systemische Erscheinung der deutschen Sprache, sondern eine Stellungseigenschaft eines einzelnen lexikalischen Elementes. Daher wird NP-Aufspaltung nicht im Rahmen von Wortstellungsfragen, sondern bezeichnenderweise (nicht in der Grammatik, sondern) im Wörterbuch der GRIMMs zum Eintrag von *kein* behandelt. Bei PAUL 1919 findet sie nicht eigens Erwähnung, vielmehr geben seine Beispiele Aufschluß darüber, daß er die Konstruktion - neben anderen - zu den "prädikativen Attributen" rechnet.
Gemeinsam ist den o.g. "alten" Autoren, daß sie NP-Aufspaltung dem mündlichen Sprachgebrauch zuweisen, dem sie mehr Variationsfreiheit zubilligen als der Schriftsprache. Für letztere werden "korrekte", ausschließlich nicht aufgespaltene Varianten angegeben. In der Sprechsprache gibt NP-Aufspaltung dem Sprecher die Möglichkeit, sprachliche Einheiten, die ihm besonders wichtig sind, strukturell besonders hervorzuheben.

Diese Aspekte finden in neueren Arbeiten, die die Konstruktion im Rahmen der Government-and-Binding-Theorie zu beschreiben versuchen, keinerlei Berücksichtigung. Allerdings steht dort nicht der tatsächliche Sprachgebrauch im Vordergrund, vielmehr ein theoretisches Problem: Die Daten lassen sich nicht mit der allgemeinen Bewegungsregel "Move α" vereinbaren, nach der nur maximale Projektionen und Köpfe bewegt werden können.

Repräsentativ für die Arbeiten in dieser Richtung wird an VAN RIEMSDIJK 1987 und FANSELOW 1988 kritisiert und als Haupteinwand vorgebracht, daß sie auf einer unzureichenden Datengrundlage und -analyse beruhen. Während VAN RIEMSDIJK 1987 eine Nebenvariante zur Hauptkategorie seiner Untersuchung ('Determiner Overlap') erklärt, schließt FANSELOW 1988 eine größere Gruppe von Daten zur NP-Aufspaltung (Dativ- und Genitiv-NPs) schlichtweg aus. Die Ergebnisse der beiden Autoren werden den faktisch beobachtbaren Daten zur NP-Aufspaltung im Deutschen nicht gerecht.

In dieser Arbeit sind demgegenüber die Daten des Sprachsystems und des Sprachgebrauchs selbst in den Mittelpunkt gestellt. Zunächst werden anhand des sog. Stellungsfelder-Modells die Stellungseigenschaften der Teilketten der aufgespaltenen Nominalphrase systematisch untersucht. Dabei zeigt sich, daß NP-Aufspaltung nur in Verbzweit-Sätzen möglich ist, wobei die extrahierte N"-Projektion nur ins Vorfeld des Satzes bzw. (nach dem GB-Modell) in die SpecCP-Position, verschoben werden kann.

Die im Mittelfeld verbliebene NP/DP weist, unabhängig von ihrem Kasus und ihrer Funktion als Subjekt oder Objekt, die gleichen Stellungseigenschaften auf wie eine NP/DP, die keiner N"-Extraktion unterworfen wurde. Dies scheint dafür zu sprechen, daß sie vor Anwendung der N"-Extraktion nicht an eine andere Konstituente adjungiert wird, wie in einigen Arbeiten vorgeschlagen (vgl. FANSELOW 1988).

Im Rahmen der DP-Analyse wird anschließend nachgewiesen, daß bei NP-Aufspaltung N"-Projektionen ins Vorfeld/in die SpecCP-Position bewegt werden, keine nicht-maximalen Projektionen. Nicht weiter verfolgt ist in diesem Zusammenhang, daß es sich bei dieser Bewegung um eine Extraktion aus einer Konstituente heraus handelt.

Für die N"-Extraktion sind oben Beschränkungen formuliert, die sich auf die Struktur der DP beziehen. Ausgeklammert sind Extraktionen von N"-Projektionen der obersten Stufe, d.h. solchen, die unmittelbar von D' dominiert werden und in denen DET lexikalisch realisiert ist. Es handelt sich dabei um Konstruktionen der Art:

Bücher habe ich nur diese mitgebracht.

Konstruktionen dieser Art scheinen nur unter sehr spezifischen, im einzelnen sehr komplexen semantisch-pragmatischen Bedingungen möglich zu sein. Die Analyse dieser Bedingungen führt vom zentralen Gegenstand dieser Arbeit, der Analyse der syntaktischen, semantischen und insbesondere textuellen Gegebenheiten in Sprachstruktur und Sprachgebrauch, zu weit ab und wurde deshalb ausgeklammert.

Ein wichtiges Ergebnis dieser Untersuchung ist: Eine rein syntaktische Betrachtungsweise vermag die avisierten sprachlichen Phänomenbereiche nicht adäquat zu erfassen. Sie erklärt beispielsweise nicht, warum NP-Aufspaltung bevorzugt mit bedeutungsarmen Verben zusammen vorkommt, warum im Mittelfeld wenige, vorwiegend deiktische Elemente erscheinen u.ä.

Exemplarisch werden daher, basierend auf detaillierten Korpusanalysen von Texten, Gebrauchsdomänen von NP-Aufspaltung analysiert. Das Ergebnis: NP-Aufspaltung ist ein Phänomen der gesprochenen Sprache, und der Ko-Text, in dem sie erscheint, weist alle Merkmale des "Mündlichkeitsmodus" auf: Verwendung bedeutungsarmer, wenig spezifischer Lexik, weniger komplexe syntaktisch-semantische Strukturen und eine geringere Informationsdichte im Vergleich zu schriftlichem Sprachgebrauch. Diese Form der Informationsstrukturierung kommt den Abläufen des Hörverstehensprozesses entgegen.

In einigen Textgenres der Schriftsprache, in denen ein Modus der Mündlichkeit akzeptabel ist, kommt NP-Aufspaltung als Indikator für Mündlichkeit in diversen Funktionen vor. In literarischen Texten etwa dient sie häufig zur Simulation natürlichsprachlicher Konversation, insbesondere in dramatischen Dialogen oder bei "direkter Rede" in narrativen Texten. Die Konstruktion charakterisiert aber auch Redewiedergabe, in literarischen Texten vor allem die sogenannte Erlebte Rede, die als eine Form von Redewiedergabe sowohl Elemente der direkten wie der indirekten Rede enthält.

In nicht-literarischen schriftlichen Texten wird NP-Aufspaltung ebenfalls häufig verwendet. Es handelt sich dabei vorwiegend um Magazin-, Zeitungs- oder Zeitschriftentexte, die in konversationeller Diktion gehalten sind. NP-

Aufspaltung dient auch dort, neben anderen (sprech-)sprachlichen Mitteln, vor allem zur Markierung von Redewiedergaben.
Eine weitere Gebrauchsdomäne der Konstruktion in schriftlichen Texten, literarischen wie nicht-literarischen, ist die "Leser-Ansprache", die sprechsprachlich eine besondere Direktheit und Nähe zum Rezipienten suggerieren will.

NP-Aufspaltung - dies ist ein weiteres Ergebnis, dessen Relevanz textlinguistisch noch weitere Konsequenzen haben mag - markiert sehr häufig den Wechsel von Darstellungsformen. Sie findet sich in literarischen Texten zu Beginn einer Erlebten Rede und markiert so den Wechsel von Erzähler- zu Figurenperspektive. In nicht-literarischen Texten erscheint sie am Übergang von Bericht zu Redewiedergabe u.ä. Sie indiziert diesen Wechsel aber nicht nur, sondern ist hervorragend geeignet, ihn aufgrund der mikrostrukturellen Textfunktionen, die NP-Aufspaltung im Diskursablauf zukommen können, zu gestalten.

NP-Aufspaltung trägt Beträchtliches zur Textbildung und Informationsgliederung von Äußerungen bei, wie in Kapitel 5 exemplarisch gezeigt wird. Sie spielt eine wichtige Rolle als kohäsives Mittel, und ihr kommen anaphorische und kataphorische Funktion zu. Dabei ist zu beachten: Die topikalisierte NP verweist zumeist anaphorisch auf ein Element im vorangehenden Text. Da zugleich in vielen Fällen die Rest-DP im Mittelfeld kataphorisch verweist, erhält die Konstruktion häufig gleichsam eine Übergangs- oder Brückenfunktion. Insbesondere dann, wenn im Diskursablauf mit der Aufspaltung der NP/DP ein anderes "Thema" in den Fokus rückt. Dies erklärt ihr Vorkommen an den Schnittstellen unterschiedlicher Darstellungsformen.
NP-Aufspaltung dient auch zur Thema-Rhema-Gliederung von Textteilen und stellt ein Mittel zur Kennzeichnung einzelner Teile einer DP als thematisch bzw. rhematisch dar.

Die syntaktisch-semantischen und textuellen Ergebnisse haben Entsprechungen auf intonatorisch-phonetischer Seite, wie in einer exemplarischen akustisch-phonetischen Analyse zweier Äußerungen gezeigt. Der Verlauf der F0-Kurve, hier als Parameter für die Intonation gewählt, weist für die topikalisierte NP den höchsten Grundfrequenzwert, für die Elemente im Mittelfeld

Mittelfeld jeweils einen deutlich erhöhten Wert im Vergleich zum Kurvenverlauf nicht-aufgespaltener Konstruktionen auf. Offenbar bestehen zwischen intonatorisch-phonetischer und syntaktisch-textueller Struktur diverse Beziehungen. Diese wären eigens zu untersuchen.
Interessante Beispiele und Perspektiven ihrer Analyse gibt es viele.

7. Anhang: Auszüge aus dem Datenkorpus[73]

Adj In der vornehmsten Anstalt verlangte er eine Luxuskabine mit Spiegel. Da er bezahlt hatte, badete er wirklich, zum Verschwender war er nicht geboren. Eine schöne Stunde verbrachte er vor dem Spiegel. Von den Schuhen bis zum Hut stellte er sich vollendet hin, der alte Anzug lag auf dem Luxusdiwan, wer beachtete den Schund? Das Hemd dagegen war gestärkt und blau, eine zarte Farbe, passend und groß, leider dachte man an den Himmel dabei, warum, das Meer ist genauso blau. *Unterhosen* bekam man bloß ***weiße***, rosarote wären ihm lieber gewesen.
(Geschriebener Text; Elias Canetti, Die Blendung, Roman. Frankfurt, Fischer Verlag 1965, S. 382)

Adj. *Azaleen* habe ich heute *neue* gekriegt.
(Spontane gesprochene Sprache, Telefonat; Replik auf die Frage, ob sie Azaleen habe. D. L. am 14.10.81)

Adj. *Belege* findet man natürlich auch *ungrammatische*.
(Spontane gesprochene Sprache; D. W. am 7.11.80)

Adj. *Blumen* haben wir ja jetzt *schöne*.
(Spontane gesprochene Sprache; P. V. beim Überreichen eines Blumenstraußes, als er sieht, daß die Wohnung schon voll mit Blumen ist. 17.4.81)

Adj. Dies ist ein sogenannter Malay-Drachen. Josef hier hat uns ganz fleißig geholfen, ihn zu bauen. (Moderatorin zeigt auf die Werkzeuge u. sagt als Einleitung zur Anleitung vom Drachenbauen): *Werkzeuge* sehe ich hier ganz *einfache*.
(Geskripteter gesprochener Text; WDR 3 Hobbythek am 17.9.81, 22.00 Uhr)

Adj. G: Willst du noch Kaffee?
H: Nee, Kaffee will ich keinen mehr.
L: *Milch* is auch noch *warme* hier.
(Spontane gesprochene Sprache, L.K. am 9.4.81)

Adj. Guck mal, *Krawatten* gibt's da auch *gute*.
(Spontane gesprochene Sprache; H.K. vor einem Schaufenster, in dem Hemden er angeschaut und für gut befunden hat; am 28.1.81)

73 Die Daten sind nach den im Mittelfeld stehenden Elementen geordnet.

Adj. Käse haben wir, Wurst ... *Leberwurst* haben wir *schöne*.
(Spontane gesprochene Sprache; L. K. 16.2.81)

Adj. Käse holen wir unbedingt. *Käse* gibt's hier *phantastischen*.
(Spontane gesprochene Sprache; H. K. am 19.11.80)

Adj. Rum haben wir nicht, aber *schwarzen Tee* haben wir *guten*.
(Spontane gesprochene Sprache; Situation: Es ist sehr kalt draußen und man kommt gerade von draußen herein; L. K. am 22.11. 80)

Adj. *Sprudel* muß ich morgen *neuen* holen.
(Spontane gesprochene Sprache; Aussage auf die Feststellung hin, daß der Sprudel alle ist; H. K. am 16.8.89)

Adj. Tomaten, Radieschen und Salat besorgt die S. *Fleisch* bringt der Metzger von W. *gutes*.
(Spontane gesprochene Sprache; L. K. am 23.11.80)

Adj. *Wale* gibt es *sehr unterschiedliche*.
(Geskripteter gesprochener Text; Bericht über Wale; ?ZDF am 18.7.89)

Adj. [BERICHT DES ARD-KORRESPONDENTEN AUS DEM BOSNISCHEN HAUPTQUARTIER IN PANE]
Zweifel, ob sich die bosnischen Serben dem NATO-Ultimatum beugen würden, bestanden heute abend *erhebliche*.
(Geskripteter Text; ARD Tagesthemen am 20.02.94 22.50 Uhr)

ein- E: Kurt, hier sind noch Brötchen und Brot.
K: *Brötchen* haben wir hier noch *eins*.
(Spontane gesprochene Sprache, K.M. am 13.4.81)

ein- G: Es ist alles fertig. Sein Müsli steht auf dem Tisch.
L: Müsli auch? *Müsli* mach ich mir auch gleich *eins*.
(Spontane gesprochene Sprache; L. K. am 17.4.81)

ein- G: Zu einer kirchlichen Trauung brauchst du einen Anzug.
H: *Anzug* hab' ich noch *einen*.
(Spontane gesprochene Sprache; H. K. am 14.2.89)

ein- Hochleistungssportler brauchen etwas Besonderes, sagt Herr Dr. M. Und *Hochleistungssportler* hab ich hier *einen* im Studio.
(Geskripteter gesprochener Text; Sendung über Elektrolyt-Mineralgetränke WDR2 Radio; 21.11.89, 10.35 Uhr)

ein- *Unfall* habe ich noch nie *einen* gemacht.
(Replik auf den Vorwurf, er habe schon mehrere Autos zu Schrott gefahren; Spontane gesprochene Sprache, H.K. am 17.10.88)

ein- [Textpassage über die Mutter der Erzählerin]. Als Hitler einmarschierte, war sie sechzehn. *Radio* gab es im ganzen Dorf nur *eines*, beim Nachbarn, aber der saß mit verklärtem Gesicht ganz nahe an dem grünen Auge in der Mitte und flüsterte ehrfürchtig, der Führer spricht. Man hörte seine Rede, man hörte das Gebrüll der wild gewordenen Menge auf dem Heldenplatz, aber lauter als alles hörte man das Zischen, Knacken und Schnalzen im Radio. Trotzdem holte die Gestapo den alten Hermann noch ein Jahr vor Kriegsende.
(Geschriebener Text; Mitgutsch, Die Züchtigung. dtv 1987, S. 34)

ein/Adj. [J. holt sich Bier aus dem Kühlschrank].
H: *Öffner* ist da auch noch so *ein gelber*.
(Spontane gesprochene Sprache, H.K. am 25.2.81)

ein/Adj.- [Gespräch über das Braten von Fleisch]
L: *Schweinebraten* hab' ich übrigens noch *einen fertigen* hier.
(Spontane gesprochene Sprache; L.K. am 14.2.81)

ein/Adj. A: Ich kann eine Lampe mitbringen.
C: *Lampe* hab' ich selbst *'ne große* da.
(Spontane gesprochene Sprache; C.H. am 7.7.88)

einig- *Ähnliche Betriebe solcher Komplexität* gibt es *einige* im Odenwald.
(Geskripteter Text; Hessen3 Fernsehen "Trends", am 17.4.89, 20.40 Uhr)

einig- Was die Beiträge angeht, naja ... Aber *Beteiligung* gab es *einige*.
(Spontane gesprochene Sprache; H. V. am 15.12. 80)

einig- W.: Wie verarbeiten Sie Enttäuschungen?
N.: Hm. Enttäuschungen. Na gut, *Enttäuschungen* hab' ich schon *einige* gehabt.
(Spontan gesprochene Sprache; M. Nerlinger in: Willemsens Woche. ZDF am 2.12.94 23.25 Uhr)

einig- [*Frank Elsner fragt einen Kandidaten, ob er nicht mit Musik zu tun habe. Der junge Mann antwortet so ungefähr "Ja, stimmt. Ich manage die Band meines Bruders in München. Sie heißen Blumentopf und machen Hiphop und so.*] *Konzerte* haben sie schon *einige* gehabt.
(Spontane gesprochene Sprache; Aber Hallo! RTL am 10.12.94)

etlich- (...) Donnafugata mit seinem Palast und seinem Neureichen war kaum zwei Meilen entfernt, aber wenn man versuchte, daran zu denken, schien es blaß, gleich einer Landschaft, wie man sie manchmal im fernen Ausgang eines Eisenbahntunnels sieht; seine Mühen, seine Pracht erschienen bedeutungsloser, als wenn sie der Vergangenheit angehörten - denn im Vergleich zu der Unwandelbarkeit dieser weitab gelegenen Gegend war es, als gehörten sie noch der Zukunft an, nicht aus Stein und Leiblichkeit geschaffen, sondern aus dem Stoff einer geträumten, erst noch kommenden Zeit, einer Utopie entnommen, die, von einem ländlichen Platon schwärmend erdacht, sich auch in ganz ande-

re Formen hätte begeben oder geradezu nicht erscheinen können: auf diese Weise auch des geringen fortwirkenden Gewichts beraubt, das alles Vergangene weiterhin besitzt, konnten sie nicht einmal Plage mit sich bringen.
Plagen hatte Don Fabrizio in diesen letzten acht Wochen *etliche* gehabt: von allen Seiten waren sie hervorgekrochen wie Ameisen, die eine tote Eidechse erobern wollen. Einige waren zum Vorschein gekommen aus den klaffenden Sprüngen der politischen Lage; andere waren ihm von den Leidenschaften des lieben Nächsten aufgebürdet worden; wieder andere (und das waren die allerbissigsten) waren aus seinem eigenen Innern hervorgetrieben, das heißt, aus seinen irrationalen Reaktionen auf die Politik und auf die Launen des Nächsten (...); und diese Plagen ließ er jeden Tag an sich vorbeidefilieren, ließ sie manövrieren, in Kolonne marschieren oder sich auf dem Waffenplatze seines Bewußtseins in Reihen auflösen in der Hoffnung, er werde in ihren Bewegungen irgendeinen Sinn, einen Endzweck bemerken, der ihn beruhigen könne;
(Geschriebener Text; Guiseppe Tomasi di Lampedusa, Der Leopard. Roman. Übersetzt von Ch. Birnbaum. München, Piper 1984. S. 65)

etlich- [KOMMENTIERUNG ZU EINEM FILMRÜCKBLICK DER OLYMPIADE IN MOSKAU]
Herausragende Leistungen gab es *etliche*.
(Geskripteter gesprochener Text; ZDF 20.12 80, 22.20 Uhr)

kein- *Salat* kriegen Sie *keinen* mehr.
(Spontan gesprochene Sprache, H. K. an einen zu spät kommenden Gast am 27.4.81)

kein- "... Mit mir wird es nie schlimm. Und *Schuld* hast du natürlich *keine*."
(Geschriebener Text Dialog/Wiedergabe direkter Rede; Hermann Lenz, Erinnerungen an Eduard; Frankfurt/M. Insel, 1981 S. 141)

kein- "Empty chairs" in einem Interview mit dem palästinensischen Unterhändler. Aber Stühle hatten die Amerikaner erst gar nicht aufgestellt. Journalisten wurden nicht in den Saal gelassen, *Fotos* gab es *keine*.
(Geskripteter Text; ARD Tagesschau am 4.12.91)

kein- *"Hexenwerk* ist es ja *keines"*, sagte ich und fand es kurios.
(Geschriebener Text; Dialog/Wiedergabe direkter Rede; H. Lenz, Erinnerungen an Eduard. Frankfurt/M.: Insel 1981; S.191)

kein- [BERICHT ÜBER EIN STRAßENTHEATER-STÜCK]
Übrigens: Der Eintritt war frei, und *Gagen* gab's auch *keine*.
(Geskripteter Text; WDR 3 Fernsehen - Aktuelle Stunde; 9.7.88; 19.25 Uhr)

kein- "Wer sitzt, hat schon halb unterschrieben" sagt Heiko und tritt elastisch auf einen Jüngling mit rot-grünen Punk-Haaren und einem Motorradhelm unterm Arm zu: "Stopp, junger Mann! Haben Sie schon einen Notfallausweis?" Heiko fragt nach Namen und Adresse, trägt beides in ein Kärtchen ein und erkundigt sich nach der privaten Unfallschutzversicherung. *"Hab i' koane"*, sagt der junge Mann. Das sei aber sehr leichtsinnig, findet Heiko und spricht eindringlich

von bleibenden Schäden wie Querschnittlähmung, einem steifen Knie oder gar Blindheit.
(Geschriebener Text; Wiedergabe eines gesprochenen Textes; Helga Leeb, "Die schnelle Mark", in: Brigitte 15/88 vom 13.7.88. S. 125)

kein- (...) und dort verbrachte Dolly den größten Teil des Tages im Geplauder mit ihrer Freundin Catherine Creek. Als Waisenkind war Catherine Creek an Mr. Uriah Talbo verdingt worden, und sie und die Talboschwestern waren zusammen aufgewachsen auf einer alten Farm, die später ein Eisenbahndepot wurde. Sie nannte Dolly Dollyherz, doch Verena nur "Jene". Sie wohnte im Hinterhof in einem mit silbrigem Blech gedeckten Häuschen inmitten von Sonnenblumen und Bohnenstangen. Die Leute zwinkerten sich zu, wenn sie sich für eine Indianerin ausgab, denn sie war so schwarz wie die Engel Afrikas. Ich weiß nicht, ob es nicht doch die Wahrheit war. Sie kleidete sich jedenfalls wie eine Indianerin. Sie trug nämlich eine Kette von Türkisperlen und hatte so viel Rouge aufgelegt, daß es einen blendete; ihre Backen glühten wie zwei ewige Lämpchen. *Zähne* hatte sie *fast keine* mehr; sie hatte ihre Kinnbacken mit Watte ausgestopft, und Verena sagte dann und wann: "Verdammt nochmal, Catherine, warum gehst du nicht zum Doktor Crocker und läßt dir ein paar Zähne in dein Maulwerk tun, damit du mal ein verständliches Wort sprechen kannst?"
(Geschriebener Text; Truman Capote, Die Grasharfe (übers. v. A. Seidel & F. Podszus), Frankfurt/M.: Fischer, 1970. S. 11)

kein- [*Im vorangehenden Text wird berichtet, daß der Rosenmontagszug abgekürzt wird, daß die Reiter und Blaskapellen aus dem Zug genommen wurden*]:
Abkürzung kann man *keine* gehen.
(Spontan gesprochener Text; ARD am 26.2.90)

kein- [*P. sucht sein Feuerzeug*]. *Feuerzeug* ist immer noch *keins* aufgetaucht.
(Spontan gesprochene Sprache, P.V. am 30.11.80)

kein- ... Das liegt wahrscheinlich daran, daß ich erstens zu Hause eine entsprechende Erziehung genossen habe, daß ich also nie auf Kinder-und-Familie-und Hausfrau-Sein erzogen wurde. Und zweitens, daß mich während des Studiums die Frauenbewegung sehr beeinflußt hat. Für mich ist auch nach wie vor die Ehe eine bürgerliche Institution, und weil ich gegen den Staat bin, habe ich keine Lust, meine Lebensform von ihm sanktionieren oder nicht sanktionieren zu lassen. Noch wichtiger ist vielleicht der Anspruch, einen Menschen als Persönlichkeit stehenlassen zu können, ohne diese Abschleifungsmechanismen in Gang zu setzen. Heino stimmt mit alledem überein. *Kinder* will er auch *keine*. Und beim Heiraten ist er auch meiner Meinung, nur ist er da nicht so radikal wie ich.
(Geschriebener Text; Wiedergabe eines mündlichen Berichts. Aus: Cheryl Benard/Edit Schlaffer, 1992. Laßt endlich die Männer in Ruhe. Reinbek (rowohlt TB))

kein- 1926. "Fünfzehn Stunden haben wir im Schmutz gewühlt," erinnert er sich, "bezahlt wurden wir nur für die geschlagene Kohle, nicht für die Steine, die wir zuvor beiseite schaffen mußten. *Urlaub* gab es *keinen*. Von einem Tag auf den anderen konntest du gefeuert werden."
(Geschriebener Text; Wiedergabe von spontan gesprochener Sprache; Ulrich Stock: Streit gegen Gier. Die Zeit Nr. 40 vom 29.9.89, S. 87)

kein- A: Ich habe großen Hunger.
B: Und *Durst keinen* mehr?
(Gesprochener, nicht-spontaner Text; Das Letzte Melodram, WDR3 Fernsehen, 27.8.89; 20.15)

kein- A: Man muß natürlich auch Opfer bringen, finanzielle. Aber Geld allein genügt nicht. Es sollte auch etwas sein, woran du hängst, Schmuck zum Beispiel.
B: *Hab' ich keinen.*
(Geskripteter(??) gesprochener Text; Fernsehunterhaltung; ZDF 12.02.90; 21.00 Uhr)

kein- A: Sie machen Witze!
B: Mach ich *keine*!
(Geskripteter gesprochener Text; Dialog; Aus: Graf Drakula, WDR 25.5. 91, 19.45 Uhr)

kein- A: Wie hoch schätzen Sie die Zahl der Anhänger des alten Regimes?
B: *Angaben über Zahlen* kann ich natürlich *keine* machen.
(Interview; (?)spontan gesprochener Text; W. Söllner, ZDF am 27.12.89 ca. 20.30 Uhr)

kein- Aber in Freistadt, im Ausbildungslager, besuchte sie ihn doch. Es war ihre erste Reise. Das erste Mal in ihrem Leben, daß sie in einen Zug einstieg und wegfuhr und noch dazu allein. Weil sie ohne ihn nicht sein konnte? Weil sie ihn doch liebte? Das behauptete sie zumindest ihrer zeternden Mutter und ihren spottenden Geschwistern gegenüber. Wirst halt zurückkommen mit einem kleinen Souvenir im Bauch, stichelte Angela und bekam eine Watsche. Wenn du mir mit einem Bankert daherkommst, hau ich dich durch alle Türen aus, und herein kommst mir nimmer, sagte die Mutter. Sie fuhr trotzdem. Friedl hatte für eine Nacht ein Zimmer für sie gemietet. Aber er hat das Zimmer nie betreten. Sie saßen am Waldrand und schwiegen, sie saßen am Feldrain und schwiegen, Freistadt war nicht viel anders als der Marktfleck zu Hause; und *Geld zum Einkehren* hatten sie *keins*. Er war in Uniform. Sie im Dirndl, beide frisch gewaschen und geschniegelt, beide verlegen und stumm. Am Abend mußte er wieder in die Kaserne zurück, sie fuhr am nächsten Morgen wieder heim, gelangweilt und verärgert, das Geld hätte sie sich sparen können.
(Geschriebener Text; Erlebte Rede; Mitgutsch, Die Züchtigung; dtv 1987, S. 40)

kein- An den Vätern sterben die Töchter - weil sie dem Wunsch- und Wahnbild der Väter, die in den Töchtern endlich den neuen, den ganz anderen Menschen se-

hen möchten, nicht standhalten können; weil sie erdrückt werden von der Liebe der Väter und der väterlichen Moral, die eine gewaltsame ist, eine andere Art sexueller Besitzergreifung. *Solcher Väter* gibt es *keinen* mehr.
(Geschriebener Text; B. Henrichs: Ich arbeite an dem Geheimnis der Welt, Die Zeit, 27.02.80, S. 45.)

kein- *Anzeichen für eine Brandstiftung* hat es bisher *keine* gegeben.
(Geskripteter gesprochener Text; SWF3, 18.7.81, 12.35 Uhr)

kein- *Auf die Sterne soll man nicht mit Fingern zeigen; in den Schnee nicht schreiben; beim Donner die Erde berühren*: also spitzte ich eine Hand nach oben, splitterte mit umsponnenem Finger das "K" in den Silberschorf neben mir, (*Gewitter* fand grade *keins* statt, sonst hätt ich schon was gefunden!) (In der Aktentasche knisterte das Butterbrotpapier).
(Geschriebener Text; Arno Schmidt, Aus dem Leben eines Fauns; Frankfurt/M., Fischer 1985, S. 9)

kein- Aus dem Doppelzimmer mit Komfort oder gar der Suite wird öfter und dann auch Wertvolleres hinausgetragen als aus dem Einzelzimmer mit Dusche. "Vor allem Gäste in Vier- und Fünfsterne-Hotels klauen wie die Raben", beklagten sich Hoteliers im Fachblatt Schweizer Hotelrevue. Der dezente Seufzer aus dem "Vier Jahreszeiten" in Hamburg (Fünf Sterne) - "Wir freuen uns, wenn unsere Gäste unseren Geschmack teilen" - meint sehr wahrscheinlich nichts anderes. Dort wurde auch schon mal ein Toilettendeckel abgeschraubt. Handtücher und Zahnputzgläser verschwinden im Koffer genauso wie Wolldecken, Kissen oder Bettlaken. "*Seifenlappen* benutzen sie eigentlich *keine*, wenn man die Gäste fragt. Aber zum Mitnehmen: ja." Aschenbecher, Kaffeekännchen, Besteck und Stoffservietten, das alles ist als sogenannter normaler Schwund längst fester Bestandteil der Preiskalkulation.
(Geschriebener Text; Wiedergabe eines gesprochenen Textes. Die Zeit Nr. 46 vom 10.11.89)

kein- Beim flüchtigen Durchblättern sah er, daß die Schrift in zwei verschiedenen Farben gedruckt war. *Bilder* schien es *keine* zu geben, aber wunderschöne, große Anfangsbuchstaben.
(Geschriebener Text; Erlebte Rede; M. Ende, Die unendliche Geschichte, Thienemanns Verlag, Stuttgart 1979, S. 10)

kein- *B*: Die Spülmaschine war wohl schon voll.
G: Ja, *Teller* paßten *keine* mehr rein.
(Spontan gesprochene Sprache; G. R. am 23.10.81)

kein- Blankgeputzte Hydranten sind überall im Stadtbild zusehen. Doch die Hydranten sind auch nur Show, sagen die Experten. Denn *Wasser* sei, wenn es gekracht hat, *keines* zu haben.
(Geskripteter gesprochener Text; Weltuntergang - Weltanfang. Erdbeben in Kalifornien Bayern 3 Fernsehen am 21.9.90, ca. 15.30 Uhr;)

kein- Das ist er also: Markus Meckel, der Außenminister der DDR auf dem Weg zu den Großen in Bonn. *Angst* habe er *keine*, aber ein bißchen Herzklopfen schon.
(Gekripteter gesprochener Text; ARD Tagesschau 1990)

kein- Das sind die Aufsätze, die du mir zum Kopieren gegeben hast. Dafür gibt es keine Karten. Und *Karteikarten* sind auch *keine* mehr da.
(Spontan gesprochene Sprache; E. W. am 23.2.81)

kein- Der Installateur Boguslaw Reicz, 32, wartet seit 18 Jahren auf eine eigene Wohnung. Obwohl seit 1979 verheiratet und mittlerweile Vater von zwei Söhnen, hat Reicz bislang immer noch keine Zuteilung bekommen. Einmal im Jahr fragt er bei der Genossenschaft nach. Die Antwort ist immer gleich: "Komm nächstes Jahr wieder, vielleicht klappt es dann." Natürlich weiß Reicz von diskreten Tricks, den Amtsweg zu beschleunigen. Nur: *Devisen* hat er *keine* und mit Zloty "kannst du nicht einmal einen Vollidioten bestechen."
(Geschriebener Text; Spiegel-Redakteur Bernd Dörler über Solidarnosc und die Werftarbeiter in Danzig. Der Spiegel Nr. 46, 14. Nov. 1988, S. 178)

kein- Der Lebensstandard auf dem südlichsten Zipfel Europas ist niedrig. *Mangel* gibt es *keinen*, Arbeitsplätze fehlen kaum.
(Geskripteter Text; Bericht über Malta, ARD Weltspiegel am 26.11.89)

kein- Die Lewis-Assistentin Deborah organisiert das Lewis-eigene Management-Unternehmen "Athcon", das sich vor allem um einen Kunden sorgt, Carl Lewis. Über dem Schreibtisch des Chefs hängt ein großes Schwarzweiß-Foto: Carl Lewis. In seinem Leben, so scheint es, nimmt nur einer eine Hauptrolle ein: er selbst. *"Freunde"*, verrät der Star, hat er "eigentlich *keine"*. Er hat versucht, Beziehungen zu entwickeln, nur sind die gescheitert, weil es mühsam ist, "sich auf alle und alles einzustellen."
(Geschriebener Text; Wiedergabe eines vermeintlich gesprochenen Textes; Der Spiegel Nr. 44, 27.10.86, S. 226)

kein- Die Sitzung der Umweltminister im Kloster Eberbach ist von dem Super-GAU überschattet. Der Vertreter des Bundes, Staatssekretär Kroppenstedt vom Innenministerium, pendelt beständig zwischen Telefon und Sitzungssaal hin und her. *Informationen* gibt er aber *so gut wie keine* an die versammelten Minister weiter.
(Geschriebener Text; Tagebuch; J. Fischer in: Der Spiegel Nr. 9 vom 23.2.87, S. 101)

kein- Diederich sah ihn an, er versuchte zu blitzen wie der Kaiser. "Sie sind wohl auch so einer." Er hätte nicht sagen können, was für einer. Er fühlte nur, daß er hier, zum erstenmal im Leben, die gute Sache zu vertreten habe gegen feindliche Bemängelungen. Trotz seiner Aufregung sah er sich noch die Schultern des Menschen an an: sie waren nicht breit. Auch äußerte die Umgebung sich mißbilligend. Da ging Diederich vor. Mit dem Bauch drängte er den Feind gegen die Mauer und schlug auf den Künstlerhut ein. Andere knufften mit. Der

Hut lag schon am Boden und bald auch der Mensch. Im Weitergehen bemerkte Diederich zu seinen Mitkämpfern: "Der hat sicher nicht gedient! *Schmisse* hat er auch *keine*!"
(Geschriebener Text; H. Mann, Der Untertan. Roman. München 1987 (= dtv 256) S. 46)

kein- Ein 25-jähriger Student aus dem US-Bundesstaat Illinois ist von den Steilklippen des Badeortes Etretat (Normandie) an der französischen Kanalküste abgestürzt und dabei ums Leben gekommen. Der junge Mann hatte sich auf eine Felsspitze vorgewagt, die unter seinem Gewicht nachgab. Die Klippen aus weißem Kalkstein, die jährlich Tausende von Spaziergängern anlocken, sind als brüchig bekannt. *Absperrungen* gibt es *keine*.
(Geschriebener Text; dpa-Meldung; Kölner Stadtanzeiger, ohne Datum)

kein- Ein schwarzes Kleid hab' ich auch gekauft. Aber *Lust* hatte ich *keine*, das zu kaufen.
(Spontan gesprochene Sprache, G. B. am 12.1.81)

kein- Ich geh man 'nen Löffel und Servietten holen. (SPÄTER): *Servietten* gibt's da *keine*.
(Spontan gesprochene Sprache; G.B. am 10.2.81)

kein- G: Ich muß das Zeug noch in die Koffer packen. Ich habe aber nur einen Koffer.
M: *Koffer* hab' ich auch *keinen*.
(Spontane gesprochene Sprache, Telefonat; M. B. am 27.10.1980)

kein- *Gesetze* hatte die Labourregierung, da sie in der Minderheit ist, sowieso *keine* mehr durchgebracht.
(Geskripteter Text, ARD Nachrichten, 14.7.77, 20.10 Uhr)

kein- [GESPRÄCH ÜBER EINE ENTBINDUNG BEI EINER ARABERIN IM W.-KRANKENHAUS.]
Ass. Arzt: Sie sagte "I'm Arabic" und deckte sich das Gesicht zu. Dann war da nur eine Hebamme bei der Geburt dabei.
G: Und 'ne Ärtzin.
Ass.Arzt: Nee, eben nich. *Ärztin* hatten wir grad *keine*.
(Spontan gesprochene Sprache. P. V. am 12.7.88)

kein- Hol' mir so Beutel. *Geld* hab'ich aber *kein kleines*.
(Spontan gesprochene Sprache; H. K. am 10.11.80)

kein- *H*: Kommen Weib und Kind?
B: Nur Weib. *Kind* ist *keins* da.
(Spontan gesprochene Sprache, T.B. am 25.3.81)

kein- Ich hab Biergläser da rumstehen. Ja. Aber *Weinglas* hab ich *kein einziges*.
(Spontan gesprochene Sprache; Reaktion auf ein Geschenk/Weingläser; R. H. am 29.8.80)

kein- Ich habe allerlei Bekanntschaft gemacht, *Gesellschaft* habe ich noch *keine* gefunden.
(Goethe, Werther. Aus: J.W. v. Goethe, Werke, Hamburger Ausgabe, Bd. 6, S.11 1774.)

kein- Ich war schon oft hier an der Tür, denn *Telefonnummer* habe ich ja *keine* von dir.
(Spontan gesprochene Sprache; M. W. am 10.2.81)

kein- Im Zug verlor sich die Spannung, spätestens vor der Stadt fuhr man heiter. Sie hatten ein ganzes Abteil für sich, Aron war stolz auf seinen kühnen Einfall. Unversehrt waren sie einer bedrohlichen Situation entronnen, und aus der Ferne, sagte er, sei jede Gefahr nur noch die Hälfte wert. Er sagte: "Kaum ein Mensch kommt in solchen Zeiten auf einen solchen Einfall." Irma lobte seine Kaltblütigkeit, meinte aber, für lauten Jubel sei es zu früh, am Zielort könnten unangenehme Überraschungen warten. Zum einen wisse niemand, ob nicht auch dort der Aufruhr im Gange sei, sie habe in den letzten Tagen beiden Sprechern genau zugehört, bei beiden sei der Name Binz nie gefallen. "Und außerdem", sagte sie, "bin ich gespannt, wo wir wohnen werden." *Aufruhr* gab es *keinen*, als sie am Nachmittag in Binz eintrafen, lag der kleine Bahnhofsvorplatz in solch schläfriger Ruhe, daß man denken konnte, wir sind in einem kleinen Ort vor dem Krieg. (...)
(Geschriebener Text; Jurek Becker, Der Boxer. Roman. Frankfurt 1976 (=ST 526) S. 256)

kein- Ja, *Medaillen* gab's auch heute *keine* für die deutsche Leichtathletikmannschaft.
(Geskripteter gesprochener Text; nach der Überleitung von E. Huberty an den Sportreporter; WDR 3, Aktuelle Stunde am 31.8.87, 19.27 Uhr)

kein- Karl hier, hör mal, ich bin in einer peinlichen Situation: Mein Vater will wissen, womit ich mein Geld verdiene - nein, seine Verschwiegenheit, dafür kann ich garantieren - und nicht einmal Katharina hab ich's bisher erzählt - du meinst, das glaubt ohnehin keiner - und *Beweise* habe ich auch *keine* - stimmt, also - danke.
(Geschriebener Text; Telefonreplik. Aus: H. Böll, Frauen vor Flußlandschaft. Roman in Dialogen und Selbstgesprächen, Köln (Kiepenheuer & Witsch) 1985, S. 86)

kein- Kein Grund zum feiern also. Allenfalls ein Grund, in der Erinnerung zu kramen. Auf ewig unschlagbar und legendär ist bereits jenes Interview, das Rainer Günzler mit dem Boxer Norbert Grupe (...) zu führen versuchte. Grupe beantwortete alle Fragen mit vielsagendem Schweigen. Oder jener Auftritt von Johnny Weissmuller, der im Film "Tarzan" war und im richtigen Leben Schwimmer. Das Äffchen auf seinem Arm riß vor der laufenden Kamera seiner Ehefrau die Perücke vom Kopf, und die Fernsehnation lachte schadenfroh. Das waren die Sternstunden im Unterhaltungsteil des "Aktuellen Sportstudio". *Journalistische Sternstunden* sind in 25 Jahren Erinnerung *keine* zu finden.

Auf eine mögliche wurde bis zum Schluß vergeblich gewartet: daß Harry Valerien nämlich endlich einmal sich selbst interviewt. Valerien hat letzten Monat abgedankt.
(Geschriebener Text; Peter Stützer, Die goldenen Zeiten sind lange vorbei. In: Kölner Stadtanzeiger vom 24.8.88)

kein- *Konkrete Ergebnisse* können wir *keine* nennen.
(Spontan gesprochener Text; Aktenzeichen XY, ZDF, 13.11.81, 23.15 Uhr)

kein- *Kugelschreiber* ist hier *keiner*.
(Spontan gesprochene Sprache, L. M., Geschäftsmann in Lechenich, 9.11.78)

kein- Maria war zehn Jahre lang beim Anbau von Schnittblumen eingesetzt, als die ersten Krankheitszeichen auftraten: Übelkeit und Schwindelgefühle. Sie ignorierte die Symptome. Vor fünf Jahren brach sie zu Hause zusammen. Ohne exakte Diagnose wurde sie krank geschrieben. Es begann ein Martyrium - Krankenhausaufenthalte, Bettlägerigkeit im Haus der Mutter. An die Zahl der Ärzte, die sich mit ihr beschäftigten, kann sich die Mutter nicht mehr erinnern./ "Immer wieder hieß es", erzählt die Mutter, "es wird schon wieder. Genaues erfuhr man nie." Zuletzt wurde Maria in die Sozialklinik Bogotas, San Pedro Claver, eingewiesen. Hier war zum ersten Mal von Pestiziden die Rede - allerdings nicht davon, wie schlimm es um sie stand. "Sie hatte halt eine schwache Konstitution," sagt Marias Schwester. Sie kommt gerade nach Hause, von der Arbeit auf einer Blumenfarm. *Angst* habe sie *keine*, meint sie, und sagt das, als wolle sie sagen, die Starken schützt Gott.
(Geschriebener Text; indirekte Rede; Gesine Froese, Blumen, die töten. Die Zeit Nr.11 vom 12. März 1993 S. 79).

kein- Mir ist einfach nicht klar, woher er den Luftdruck genommen hat. *Kompressor* hatte er *keinen*, soviel ist klar.
(Geschriebener Text; Dialogreplik in einem Drama. Plenzdorf, Die neuen Leiden des jungen W.)

kein- Mit den Werften geht es auch bergab. *Schiffe für den Walfischfang* werden *keine* mehr gebraucht. *Schiffe für den Thunfischfang* gibt es sowieso *viel zu viele*.
(Geskripteter gesprochener Text; SWF3-Fernsehen 1991)

kein- Mit dieser Trennkost das klappt ganz gut. Man kann sich ja satt essen. *Größere Probleme* gibt es also *keine*.
(Spontan gesprochene Sprache. Medizin Magazin, West 3 Fernsehen. 28.3.94)

kein- Morgen klart die Bewölkung auf. *Niederschläge* dann *keine* mehr.
(Geskripteter gesprochener Text; Südwestfunk, 21.12.80, 12.40 Uhr)

kein- Nach diesen drei verträumten Punkten beginnt Herr Fischer, der den Brief unterzeichnet hat, die "adressierte Direktwerbung" zu preisen. Dennoch will er sich bemühen, kostenlos übrigens, daß Sie aus möglichst vielen Adressen-Kar-

teien entfernt werden. *Garantien* gibt es allerdings *keine;* rot gedruckte PS unter Herrn Fischers Schriftzug: "Postwurfsendungen und Hausverteilungen (Handzettel) fallen nicht in unsere Kompetenz."
(Geschriebener Text; R. Goetz, "Adressengeschäfte", In: Kursbuch 66, 1981. Kursbuch/Rotbuchverlag, Berlin S.5)

kein- Schließlich nannte sie selbst ihren Vornamen, und als er immer noch nicht weiterfand, fragte sie nach seinen Schwestern. Plötzlich rief er: "Gusti Daimchen!" Und beide schüttelten sich vor Freude. "Sie haben mir doch immer Knöpfe geschenkt von den Lumpen in Ihrer Papierfabrik. Das vergeß ich Ihnen nie, Herr Doktor! Wissen Sie, was ich mit den Knöpfen gemacht hab? Die hab ich gesammelt, und wenn meine Mutter mir mal Geld für Knöpfe gab, hab ich mir Bonbons gekauft." "Praktisch sind Sie auch!" Diederich war entzückt. " Und dann sind Sie immer zu uns über die Gartenmauer geklettert, Sie kleine Göre, *Hosen* hatten Sie meistenteils *keine* an, und wenn der Rock raufrutschte, kriegte man hinten was zu sehen."
(Geschriebener Text; Dialog; H. Mann, Der Untertan. Roman. München 1987 (=dtv 256) S. 78)

kein- Sie hatte 5 Seiten Wollmann zitiert. *Fehler* waren natürlich *keine* drin.
(Spontan gesprochene Sprache, E. W. 7.5.89)

kein- *Signale* brauchten *keine* gesetzt zu werden.
(Geschriebene Sprache, Wiedergabe eines gesprochenen/geskripteten Textes; Tagesanzeiger Zürich vom 19.3.87. Zitiert nach DLF Presseschau, 19.3.87 zur Regierungserklärung von Bundeskanzler Kohl)

kein- Spiegel: Macht Ihnen das Fazit auch solche Schwierigkeiten, Herr Lafontaine?
Lafontaine: Ich habe keine Probleme. Aber so habe ich auch Lothar Späth nicht verstanden.
Späth: *Probleme* habe ich auch *keine.*
Lafontaine: Aber ich glaube auch, daß wir eine Reihe unterschiedlicher Auffassungen artikuliert haben. Das Gespräch wäre ja auch verdammt langweilig, wenn wir zu allen Punkten die gleiche Auffassung hätten.
(Interview; niedergeschriebener gesprochener Text; Der Spiegel Nr. 19 vom 9.5.88, S. 47)

kein- *Sticken* haben wir *keine.*
(Spontane gesprochene Sprache; Antwort auf die Frage, ob sie Streichhölzer habe; L.K. am 29.11.81)

kein- Studentin: Ich suche einen Assistenten von Professor Vater.
E. W.: *Assistenten* sind im Augenblick *keine* da.
(Spontan gesprochene Sprache, E.W. am 27.4.81)

kein- Vielleicht geht es ja auch anders. Ich melde mich zunächst mal bei der optimistischen Firma mit dem Traumjob, die an meine geschäftliche Hochsaison glaubt. Ihre Repräsentantin sitzt in einem trostlosen, kargen Büro in der Innenstadt und erklärt sachlich: "Bei uns verkaufen Sie Versicherungen am Informationsstand. *Fixum* bezahlen wir *keines*, weil die Mitarbeiter sonst faul werden. ..."

(Geschriebener Text; Wiedergabe eines gesprochenen Textes; Helga Leeb, "Die schnelle Mark". In: Brigitte, 15/88 vom 13.7.88, S. 124)

kein- WDR 5. In unserer Reihe "Lebenszeichen" hören Sie heute: "Nee, *Helden* wollen wir *keine* sein" - Berber, Bettler, Stadt- und Landstreicher von Dieter Fuhr.
(Gesprochene Sprache; geskripteter Text; WDR 5, Okt. 93)

kein- [FILM ÜBER EINEN FALL VON SEXUELLEM MIßBRAUCH AN HEIMKINDERN IN BRANDENBURG] Wenn man sich die Heime in den neuen Bundesländern so ansieht ... Fachleute, so wie, eh ... *Psychologen* gibt es fast *gar keine.*
(?Spontan gesprochene Sprache; Fakt, ARD 07.06.93)

kein- Wie komme ich zu einem musikalischen Kind, denke ich und schaue meiner Tochter beim Cellospielen zu, jederzeit bereit zu sagen, hör auf, wenn es dir keinen Spaß macht. *Genie* ist sie *keines*, versichert man mir, um meine Bewunderung zu dämpfen. Wer spricht von Genie? Ich unterdrücke den Wunsch, ihr zu sagen, wie dankbar ich ihr dafür bin, von sich aus zu wollen, wozu es bei mir des täglichen Terrors bedurfte.
(Geschriebener Text; Ich-Erzählung; Mitgutsch, Die Züchtigung; dtv 1987, S.127)

kein- Wir gingen zwischen Beeten auf und ab. Er zeigte mir das Stroh, das er unter die Erdbeeren gelegt hatte, damit die Schnecken abgehalten wurden. Dann sah er sich um und sagte: "*Gewitter* wird es heute *keines* geben ... Übrigens habe ich von Ihnen gedacht ..."
(Geschriebener Text; Dialog/Wiedergabe direkter Rede; Hermann Lenz, Erinnerungen an Eduard. Frankfurt/M. Insel 1981 S. 98)

kein- Wir wurden Freunde, Dolly, Catherine und ich. Ich war elf, und später wurde ich sechzehn. *Verdienste* erwarb ich mir *keine*, aber das waren die wunderbaren Jahre.
(Geschriebener Text; Ich-Erzähler; aus: Truman Capote, Die Grasharfe (übers. v. A. Seidel & F. Podszus), Frankfurt/M.: Fischer, 1970. S. 12)

kein- [FILM ÜBER TEURE PARKPLÄTZE IN MÜNCHEN. EIN ANWALT, DER SELBST VON DEN PARKGEBÜHREN BETROFFEN IST, WILL ETWAS DAGEGEN UNTERNEHMEN]. Deshalb versucht er, die Stadt auf dem Klagewege zur Bereitstellung billiger Parkplätze zu zwingen. *Unterstützung* hat er *keine*. Selbst der ADAC hält sich zurück.
(Geskripteter Text, gesprochene Sprache. ZDF, WISO am 17.06.93)

kein- [Haben Sie keine Angst?] Nein, wir fliegen mit sehr erfahrenen Piloten. *Angst* gibt's da *keine.*
(Spontan gesprochene Sprache. ZDF: Auftrag im All. ca. 25.2.93, 21.00 Uhr)

kein- In einen veritablen Blutrausch versetzt haben die Eheprobleme des Thronfolgers die Londoner Boulevardblätter Sun und Daily Mirror, aber auch traditionelle Sonntagzeitungen wie die News of the World (NOW). Deren Chefredakteur Piers Morgan, 29, will seine Konkurrenten mit dem heißesten Königsklatsch ausstechen.//Ende Juni meldete das Blatt, daß die Behandlungsprotokolle eines Diana-Psychotherapeuten gestohlen worden seien. Am 21. August lautete die Schlagzeile: "Di's grillenhafte Telefonanrufe bei verheiratetem Tycoon". Die Telefongespräche, von Dianas Telefon aus geführt, gab es tatsächlich, und ebenso den angerufenen Oliver Hoare, einen früheren Freund des Paares. // Es dauerte nur eine Woche, und die nächste *NOW* - Schlagzeile fetzte: "Di's Major klagt: Ich bekam auch wilde Anrufe." Morgan ließ enthüllen, daß Prinzessin Dianas Ex-Reitlehrer ein Verhältnis mit der Schutzbefohlenen pflegte. Und es war wieder Morgans Blatt, das mit dem "royal exclusive" über einen Sicherheitsbeamten herauskam, der Diana und Major James Hewitt beim Geschlechtsverkehr hinter den Büschen gefilmt haben will.// Chefredakteur Morgan behauptet, "total an die Monarchie zu glauben". *Skrupel* hat er natürlich *keine,* obwohl er einräumt, daß ihn manchmal seine Großmutter anruft: "Sie sagt dann: Heute morgen hast du wieder abstoßenden Mist gedruckt."
(Geschriebene Sprache; Der Spiegel Nr. 43 vom 24.10.94 S. 147).

kein- [*In der Anmoderation:*] Ein 22-jähriger Berliner steht vor Gericht; ihm wird vorgeworfen, Molotowcocktails geworfen zu haben. An vieles von dem, was in der Nacht geschah, kann sich der Angeklagte nicht mehr erinnern. *Molotowcocktails* will er *keine* gesehen haben und auch *keine* geworfen haben.
(Geskripteter Text? Text zu einem Film; ARD-Tagesschau am 23.02.93 um 20.12 Uhr)

kein- Mädchen lebte 16 Jahre lang völlig isoliert.// Ein knapp 16jähriges Mädchen ist seit der Geburt von seiner Mutter und Großmutter in einer Genfer Wohnung von der Außenwelt isoliert worden. ...//Das Mädchen hatte seit seiner Geburt nur Kontakt zu seiner Mutter und der Großmutter. Der Vater, ein Italiener, soll mehrmals vergeblich versucht haben, sein Kind zu sehen; er habe aber später aufgegeben, hieß es. Das Kind habe keine eigene Persönlichkeit entwickeln können, sagte der Genfer Staatsanwalt Bernard Bertossa. Es habe nie versucht, selber aus dem aufgezwungenen Gefängnis zu entkommen. *Gewalt* sei ihm *keine* angetan worden.// Wie vor der Anklagekammer bekannt wurde ...
(Geschriebener Text; Kölner Stadtanzeiger vom 17.02.94, S. 36)

kein- Der obdachlose S. hatte in den vergangenen Wochen gelegentlich Unterschlupf bei Bekannten gefunden. *"Freunde* hatte Axel *keine"*, sagte seine Mutter Emma (66). Selbst sie pflegte mit ihrem Sohn seit Monaten keinen Kontakt mehr.
(Geschriebener Text; "Mann erfror jämmerlich", Kölner Stadtanzeiger vom 30.3.95, S.13)

kein- Es sei kaum zu glauben, mit welcher Brutalität und Bestialität der Angeklagte seine Opfer mißbraucht und gequält habe, sagte Karl Utermann in seinem Plädoyer, dem Günter B. zwar mit blassem Gesicht, aber ansonsten unbeteiligt folgte. Mit Verachtung müsse man die "aller-, allerunterste Ebene menschlichen Verhaltens" strafen. "Sie haben sich an der Verzweiflung ihrer Opfer geweidet." *Strafmildernde Umstände* sehe er *keine,* so Utermann. Weder Alkohol, noch Drogen kämen in Frage, ein Geständnis habe es auch nicht gegeben. (Geschriebener Text; "Harte Worte des Staatsanwalts", Kölner Stadtanzeiger vom 30.3.95, S. 15)

kein- [*Gespräch zwischen einem Schaffner und einer Bahnreisenden im E-Zug von Koblenz nach Köln*]
B: Kann ich bei Ihnen eine Fahrkarte von Düren nach Aachen lösen?
S: Ja, das Können Sie. Sie müssen dann in Köln umsteigen. Sie haben direkt Anschluß. Wir sind fahrplanmäßig um 17.45 Uhr in Köln. 17.50 geht's weiter von Gleis acht. -
B: Naja, wenn ich das schaffe... -
S: Das schaffen Sie. *Verspätung* ham wer heut *keine*. Also Gleis 8.
(Spontan gesprochene Sprache; 26.12.94).

kein- G: Was macht Jörg's Bein? Kann er wieder einigermaßen laufen? -
I: Es geht so. Ich seh da schwarz. Er ist nach der Operation viel zu früh aufgestanden. Zu dick ist er auch noch, und *Krankengymnastik* macht er auch *keine.*
(Spontan gesprochene Sprache, I. K. am 26.12.94)

kein- Inzwischen kann er sich in Ruhe seinen Konstruktionen widmen; seit 14 Jahren leitet sein Sohn das Geschäft. Die Fischer-Werke, deren Haupt-Niederlassung in dem kleinen Schwarzwalddorf steht, in dem ihr Gründer auch geboren wurde, machen mit 2300 Beschäftigten einen Jahresumsatz von 460 Millionen Mark. Viele Jahre lang habe man jeden Pfennig umdrehen müssen, erinnert sich Fischer an seine Pionierzeiten, und für seine erste Patentanmeldung habe er das Geld erbetteln müssen. Denn *Kapital* hatte der Firmengründer nach dem Krieg *keines,* dafür aber zuverlässige Mitarbeiter, betont er, die genauso wie er von dem Gedanken getrieben wurden, etwas Neues zu schaffen.
(Geschriebene Sprache; Kölner Stadtanzeiger, am 31.12.94, S.48)

kein- Sophia kam in Lubcha, einem kleinen Ort in Belorußland, zur Welt. *Spielzeug* gab es *keines,* dafür Wiesen mit Narzissen, Veilchen und Wildkräutern. Dabei war es nicht die Schönheit der Natur, die das Kind faszinierte: "Es waren die Gerüche, die ich mir geradezu bildlich vorstellen konnte."
(Geschriebene Sprache; Der Spiegel Nr. 50/1994 vom 12.12.94 S.79)

kein- [Michael Cordes, ein Anwalt aus Hennef, wehrt sich gegen Parkscheinautomaten, die seit kurzem in der Stadt aufgestellt sind. Seitdem parken nämlich die Autofahrer auf dem Privatparkplatz der Wohnanlage, in der Herr Cordes wohnt. Dieser Parkplatz ist nicht abgeriegelt, eine Schranke würde 25 Tsd. DM kosten, das ist zu teuer. Als Mieter kann Herr Cordes aber den Abschleppdienst nicht rufen. Das müßte der Vermieter oder die Hausverwaltung tun. Allerdings wohnt der Vermieter nicht in Hennef, und die Hausverwaltung sitzt in Sankt Augustin. Daher wandte sich Cordes an die Stadtverwaltung mit dem Vorschlag, die Parkautoma-

TEN WIEDER ABSCHAFFEN ZU LASSEN.] Michael Cordes schilderte der Stadtverwaltung sein Leid, doch *Hilfe* gab's *keine*.
(Geskripteter Text; gesprochene Sprache; in WDR 3, Kölner Fenster am 16.1.95, 19.45 Uhr)

kein- [BERICHT ÜBER HOCHWASSERSCHÄDEN IN DEUTSCHLAND] *Computer* konnten vor 500 Jahren noch *keine* absaufen.
(Geskripteter Text; ARD Tagesthemen am 1.2.95)

kein- [BERICHT ÜBER DIE AUSWIRKUNGEN DES HOCHWASSERS IN KESSELBERG BEI KÖLN. VERSCHIEDENE BEWOHNER DES KLEINEN ORTES WERDEN VORGESTELLT UND INTERVIEWT. DIE REPORTERIN FRAGT AUCH DIE BESITZERIN EINER GASTWIRTSCHAFT ANGESICHTS DIESER KATASTROPHE]: Haben Sie keine Angst? - Nee, *Angst* ham wer *keine*. Wir ham uns dran jewöhnt. Ab un zu kommen de Tränchen, aber *Angst* ham wer *keine*. - Und wann kommen die Tränchen? - Wenn Freunde anrufen, oder so wie jezz ...
(Spontan gesprochene Sprache, ARD Brennpunkt am 30.1.95 20.15 Uhr)

kein- [*BERICHT ÜBER DEN ABLAUF DER NACHRICHTENPRODUKTION BEIM NDR*] ...Sabine Christiansen nimmt dies (i.e. eine Grafik) in ihren Text auf. Der Countdown für die Tagesthemen läuft. Eine Überspielung aus Moskau wird noch erwartet. *Nervosität* herrscht *keine*, Spannung sehr wohl. [*ES FOLGT EIN REDEBEITRAG VON SABINE CHRISTIANSEN SELBST. SIE IST AUCH IM BILD*:] "Ja, da ist immer ein Spannungsbogen ..."
(Geskripteter Text, N3 am 15.1.95)

kein- Die Eisprinzession und das Biest. 20.15 (RTL) Das Drama um die Rivalinnen Tonya Harding und Nancy Carrigan war beherrschendes Thema bei den olympischen Winterspielen voriges Jahr in Lillehammer. Und weil die Affäre auf dem Eis die Gemüter weltweit entflammte, sollte ein filmischer Schnellschuß zum Thema nicht lange auf sich warten lassen. Untertitel: "Die wahre Geschichte". Der Film erzählt die Hintergründe des "Eisenstangen-Anschlags". *Happy-End* gab's *keins:* Opfer Nancy Carrigan gewann nur "Silber" in Lillehammer.
(Geschriebener Text; Programmvorschau, Prisma 6/95, S. 41)

kein- [*BERICHT ÜBER STAUS ZUM FERIENENDE/-ANFANG AUF DER AUTOBAHN A8*]. Die Autofahrer paßten sich den Verkehrsverhältnissen an. *Größere Unfälle* gab es *keine*.
(Gesprochene Sprache, gekripteter Text; Bayern 3 Fernsehen; Rundschau 18.50 Uhr, am 18.2.95)

kein- [EIN JUNGER MANN BETRITT EINE BÄCKEREI, SCHAUT SICH INTENSIV DIE AUSLAGEN AN UND SAGT DANN ZUR VERKÄUFERIN:] *Nußecken* haben Sie *keine*, oder?
(Spontan gesprochene Sprache, Hörbeleg Köln, 7.4.95)

kein- Einige Generationen von Arbeiterfamilien hatten in den Zechensiedlungen mit den Nutztieren zusammengelebt. In diesem Zeitraum hatte sich ein kleiner Bereich der bäuerlichen Arbeits- und Lebensweise in den industriellen einfügen

lassen. Die Industrialisierung, die innerhalb eines Jahrhunderts Westeuropa radikal verändert hatte, ging in den sechziger Jahren zu Ende. Der wirtschaftliche Strukturwandel erschütterte das Ruhrgebiet. Allein bis 1969 wurden sechzig Bergwerke stillgelegt. Parallel dazu verlief die Zerstörung vieler Zechensiedlungen. Neubauten, besonders wenn sie mehr als nur zwei Stockwerke hoch sind, versprechen den Spekulanten höhere Mieten und und höhere Profite. Die Arbeiterfamilien, die neue Wohnungen oft nur in Betonburgen finden und bezahlen konnten, verloren etwas, was in der postindustriellen Welt schwer zu finden ist: Heimat. In Eisenheim, der ältesten Zechensiedlung des Ruhrgebietes wehrten sich die Bewohner gegen den drohenden Abriss [Bilder des Ortes]. Anfang der siebziger Jahre gründeten sie eine Bürgerinitiative, die von der Studentenbewegung unterstützt wurde. Ihr Protest hatte Erfolg. Eisenheim blieb stehen. [Langsamer Kameraschwenk über Eisenheim, zuerst grüne Gärten]. Stehen blieben die Gärten, [Sprechpause; Kamera schwenkt auf Stallgebäude.], Stallgebäude, [Kamera wandert weiter] einige Schritte von ihnen entfernt die Wohnhäuser. [Kamera blickt aus einem Blickwinkel neben einem Haus auf die Hauptstraße] Fast eine Idylle, nahe der Stadt Oberhausen. [Kamera zeigt Stalltüre in Großaufnahme]. *Schweine und Ziegen* leben *keine* mehr in Eisenheim. Hinter den Stalltüren stehen Fahrräder, Mopeds und Gartengeräte. Aber die hohe Wohnqualität, die die Siedlung heute aufweist, rührt nicht zuletzt daher, daß die Menschen hier einmal mit Nutztieren zusammenlebten. 1976 wurde in Eisenheim das letzte Schwein geschlachtet. Das Leben ist anders geworden, als wenn etwas fehlte. Der Hund an der Leine, die Katze auf dem Sofa, der Wellensittich auf der Fensterbank sind nicht dasselbe. Die Haustiere sind zum Anhängsel des einzelnen oder der Familie geworden, sie wurden zum Partner, haben sich sozusagen ins Privatleben zurückgezogen.
(Gesprochene Sprache, geskripteter Text; WDR 3 Fernsehen, Rückblende: Tiergeschichten - Das Schwein. 2.12.94 23.00 - 23.15 Uhr.)

kein- Früher lebte Nadja wild und gefährlich. Sie tanzte nächtelang in dunklen Kneipen, trank Gin und amüsierte sich mit wechselnden Liebhabern. Schöne Zeiten. Dann - sie war 31 Jahre alt und Lehrerin geworden - hatte sie das ewige Ausgehen satt. Sie wollte eine Einbauküche und mit einem Ehemann auf dem Sofa sitzen und fernsehen.// Seit vier Jahren ist Nadja nun verheiratet - und weit davon entfernt, ihre Eheschließung zu bedauern. Sie ist eine attraktive Frau mit kurzen schwarzen Haaren und arbeitet in Berlin. Ihr Mann ist Computerspezialist, *Kinder* haben sie *keine*. Sie fühlt sich aufgehoben in ihrem geregelten Dasein: "Zwischen uns läuft es nicht gerade wie in einem Hollywoodfilm mit Julia Roberts und Richard Gere", sagt sie und starrt dabei nachdenklich auf ihre Füße, "eher wie in einem leisen Fernsehspiel; trotzdem geht es mir nicht schlecht." [Es folgt eine indirekte Redewiedergabe.]
(Geschriebener Text; Kommt Streit, kommt Sex; Der Spiegel Nr. 48 vom 28.11.94, S.104)

kein- [Artikel über zwei Kölner, die beim Untergang der Achille Lauro dabei waren u. über die Vorgänge an Bord berichten] Sekunden später rannten 15 Crew-Männer mit Schwimmwesten über den Gang. Als die automatischen Feuerschutztüren zuschlugen, erfaßte das Ehepaar Angst. "Oh Gott, hier kommen wir nie wieder raus." Minuten später kam Steward "Franco" und führte die Passagiere

über Notausgänge an Deck. "*Panik* gab es *keine.*" Doch die Passagiere wurden stundenlang im Ungewissen gelassen. "Feueralarm haben wir nie gehört", sagt das Ehepaar. Obwohl sich die Achille Lauro mehr und mehr zur Seite neigte, glaubten die meisten an ein Happy-End. "Uns wurde gesagt, das Feuer sei allmählich unter Kontrolle, erzählt Peter Westerhausen.
(Geschriebener Text, Kölner Stadtanzeiger vom 7.12.94, S. 13)

kein- [FERNSEHSHOW, IN DER DER KANDIDAT VORHER SEINE ANGST ÜBERWINDEN UND MIT MÄUSEN EINE HALBE STUNDE LANG EINGESPERRT VERBRINGEN MUßTE; ALS PREIS WINKT DEM KANDIDATEN NUN EIN ROTER VW-POLO - ODER DAS RISIKO, AM ENDE DER SHOW 55 TSD. MARK ZU GEWINNEN; ER ÜBERLEGT SICH, OB ER DAS AUTO ANNEHMEN SOLL ODER NICHT. DAS PUBLIKUM RUFT "AUTO! AUTO!" DER MODERATOR VERSUCHT AUCH, EINFLUß ZU NEHMEN] Ja, lassen wir ihn seine entscheiden - Ich versprech' Ihnen - auch wenn's von uns ist: *Mäuse* sind *keine* drin.
(?Spontan gesprochener Text; Fritz Egner, "Entweder oder" ZDF am 24.11.94)

kein- [FERNSEHSHOW. DER KANDIDAT FÄHRT AUF EINEM GO-CART-ÄHNLICHEN GERÄT, DAS AUF EINEM LAUFBAND STEHT. ER MUß SICH MIT ZUNEHMENDER SCHNELLIGKEIT DES LAUFBANDES MEHR ANSTRENGEN.] So, jetzt simmer wieder bei unserm Rennfahrer. Anstrengend, ne? Aber Sie sind sportlich, oder? Treiben Sie Sport? - Eigentlich nicht, nee. - Eigentlich nicht. Jetzt machen mers aber 'n bissel schneller, sonst ists keine Herausforderung, würd i sagn. 'N kleinen Tick, ne, 'n kleinen Tick noch. So dass es richtig nach Autobahn ausschaut. Geht aber immer noch, er hält ja blendend mit. Also es iss keine Frage. Gut. I glaub, Sie fahr'n in aller Ruhe. *Gegenverkehr* is *keiner* zu befürchten. Polizei, wie gesagt, is weit und breit nich, die kommt erst zum Schluß. Und wir kommen jetzt auch zum Thema Auto ...
(?Spontan gesprochener Text; "Entweder oder", Fritz Egner, ZDFn am 24.11.94)

kein- [ARTIKEL ÜBER GAUMENPÄDAGOGIK. KÜCHENCHEFS STELLEN SCHÜLER AUF DIE GESCHMACKSPROBE. SÜSS, SALZIG,BITTER, SCHARF] ... In Küchenschürzen stürzen sich die Schüler und Schülerinnen in die Geschmackslehre. *Noten* gibt es *keine*, dafür aber eine Zwischenprüfung: Von 26 Jungen und Mädchen meistern immerhin 18 die erste Testhürde.
(Geschriebener Text, Die Zeit Nr. 44 vom 28.10.94, S.80)

kein- Stoiber verteidigt Grußwort für Baufirma//(...) Bayerns Innenminister Edmund Stoiber hat zugegeben, für ein Wohnungsunternehmen ein Grußwort zum 40jährigen Bestehen unterzeichnet zu haben, jede Kritik daran aber als "völlig ungerechtfertigt" zurückgewiesen. "Ich werbe nicht", betonte Stoiber. Das Grußwort, das von der zuständigen Wohnungsbau Fachabteilung seines Ministeriums verfaßt worden sei, sei "von einer Allgemeinheit wie sie allgemeiner nicht mehr sein kann", sagte Stoiber am Montag. *//Kritik von CSU-Politikern an seinem Verhalten, über Jahre hinweg kostenlos Flugzeuge und Leihautos von Firmen genutzt zu haben,* gab es nach Stoibers Angaben *keine*. Er habe am Wochenende "mehrere Stunden" mit CSU-Chef Waigel und anderen CSU-Führern gesprochen. ...
(Geschriebener Text; Kölner Stadtanzeiger Nr. 39, vom 16.2.93 S.5)

kein- Sparbücher in DM können in Österreich nicht geführt werden, doch besteht die Möglichkeit, für Sie ein Festgeldkonto, auf Wunsch ebenfalls in anonymer Form, in DM zu führen. (...)// *Goldkonten* können wir in Österreich *keine* führen, doch besteht die Möglichkeit für Devisenausländer, in Österreich mehrwertsteuerfrei Goldmünzen zu kaufen, sofern es sich dabei um ausländische Zahlungsmittel handelt. (...)
(Geschriebener Text; aus dem Faltblatt einer österreichischen Bank).

kein- [GESELLE UND LEHRLING REPARIEREN DIE HEIZUNG; DER LEHRLING SOLL EINEN HEIZKÖRPER AUF LUFT KONTROLLIEREN.]
Geselle: Dirk, kuck mal, ob in dem Heizkörper im Wohnzimmer Luft drin is. [DIRK GEHT U. KONTROLLIERT.] Dirk: Nee, Herr Kaiser, *Luft* is hier *keine* drin.
(Spontan gesprochene Sprache, Bonn 12.11.94)

Maßan A: Wie erklärt sich das Fehlen von Frauen im Kunstbetrieb?
B: *Gute Künstlerinnen* gibt es *eine ganze Reihe*.
(?Geskripteter gesprochener Text; Interview; Mona Lisa, ZDF am 10.9.89, 18.25 Uhr)

Maßang. Da muß ich diese Schuhe in Dienst stellen. *Schuhe* brauche ich wieder *ein Paar.*
(Spontan gesprochene Sprache; H. K. am 5.6.81)

Maßang. *Kaffee* muß ich noch *'ne Tasse* trinken.
(Spontane gesprochene Sprache; Replik auf die dankende Ablehnung einer anderen Person; L. K. am 30.11.80)

Maßang. Portemonnaies, die ich nicht in Gebrauch habe, habe ich noch *ein halbes Dutzend.*
(Spontan gesprochene Sprache; P. V. am 8.6.81)

Maßan. [SCHLANGEN AN TANKSTELLEN IM TV-BILD]
Heizöl gibt es nur *einen Liter* am Tag.
(Geskripteter Text; ARD Tagesthemen; Bericht über den Irak am 12.12.91)

Mengen Die SPD bemüht sich, nach verlorener Bundestagswahl Profil zu gewinnen. *Versuche* gab es in den letzten Tagen *eine Reihe mehr oder weniger gelungener.*
(Gesprochener, ?geskripteter Text; WDR2 Radio, Abendmagazin am 6.12.94)

Num- 30% der Bewohner von Memel sind Russen. *Deutschstämmige* gibt es noch *um die viertausend.*
(Geskripteter gesprochener Text; WDR 3, 20.12.91 ca. 21.00 Uhr; Memelland, Film von Ulla Lachauer)

Num- Die Fluggäste blieben weitestgehend unbehelligt. *Flüge* mußten nur *zwei* gestrichen werden. Viele Passagiere konnten umbuchen.
(Geskripteter gesprochener Text; über LTU-Streik; ZDF, heute, 6.8.89)

Num- Kunstberaterin Regina Trapp, die hauptsächlich Großfirmen betreut, "heute ist die Zahl der professionellen Art Advisors auf einige Hundert angewachsen. *Nichtprofis, die sich einfach Art Advisor nennen*, gibt es inzwischen *Tausende.*"
(Geschriebene Sprache, Wiedergabe von gesprochener Sprache; Der Spiegel 20/1988)

Num- *Schals* hab' ich *zwei oder drei* sogar.
(Spontan gesprochene Sprache; Gespräch über Dinge, die zum Wintersport mitgenommen werden; P. V. am 27.2.81)

Num- Seit 1800 wurde die Mädchenausbildung vorwiegend Privatschulen überlassen. Bis 1870 gab es nur 115 öffentliche Mädchenschulen. **na***Lehrerinnenseminare* gab es bis 1874 *nur fünf staatliche*; 10 höhere Töchterschulen hatten die Erlaubnis, im Anschluß an die reguläre Schulzeit in Seminaren Lehrerinnen auszubilden.
(Geschriebener Text; in: Die deutsche Frauenbewegung. Die soziale Rolle der Frau im 19. Jahrhundert und die Emanzipationsbewegung in Deutschland. Hrsg. v. I. Drewitz. Bonn, Hohwacht 1983. S.153.)

Num. S.: Die Chinesen trinken gar nicht so viel Bier. Man trinkt eher Schnaps.
P.: Sie betrinken sich aber nicht, scheint mir. Ich habe noch keinen betrunkenen Chinesen auf der Straße erlebt. *Betrunkene "Langnasen"* habe ich aber schon *mehrere* gesehen.
(Spontan gesprochene Sprache; Gespräch über Trinksitten in China; W.P in Shanghai am 8.10.87)

Num/Adj Ich will nämlich dieses sagen: *Maler* gibt es doch *einige bessere, andere schlechtere.*
(Geschriebener Text; Dialog-Form; Platon; Kratylos. Übers. Schleiermacher. Rowohlts Klassiker, S. 170.)

Num Einig ist sich die arabisch-islamische Welt in ihrem Bekenntnis zu dem vorgeblichen Gotteskrieger Saddam freilich nicht. In Mekka bestritt eine andere Islam-Autorität, Abdullah Omar Nasif, Generalsekretär der moslemischen Weltliga, dem irakischen Aggressor das Recht, zur Verteidigung seines Raubes den Heiligen Krieg für sich in Anspruch zu nehmen - moslemische Würdenträger pflegen sich, dank der engen Verbindung zwischen Staat und Religion durch Mohammed, staatlichen Willensakten selten zu verweigern. *Dschihads, Heilige Kriege,* haben Moslems *Hunderte* proklamiert und geführt, auch unter Moslems, obschon sie sich laut Koran, ausschließlich gegen Ungläubige richten dürfen. Berühmtestes Beispiel: Im ersten Weltkrieg erklärte der Sultan ... der mit dem Deutschen Reich verbündeten Türkei den Westmächten den Dschihad, der mit den Briten verbündete Scherif Hussein von Mekka aber den Deutschen.
(Geschriebener Text; Der Spiegel 8/91; 18.2.91, S. 149)

viel- (...) Wie schon erwähnt, konnte die Toilette bei einfachen Wohnungen fehlen oder durch einen Kübel ersetzt werden. *Völlig schmucklose Abstell- und Nebenräume* hat ein etwas größeres römisches Haus natürlich *viele* besessen. Selbst die Schlafräume haben oft kaum anders ausgesehen.
(Geschriebener Text; Inge Linfert-Reich: Römisches Alltagsleben in Köln. Herausgegeben vom Röm.-Germ. Museum der Stadt Köln 1975. S. 41)

viel- A: Wie ist es eigentlich mit Medikamenten? -
B: *Medikamente* gibt es sicher *sehr viele, die solche Auswirkungen haben.* Besonders Psychopharmaka.
(?Geskriptete gesprochene Sprache; Fernsehsendung über medizinische Themen; Gespräch über die Schädigung der Mundschleimhaut. WDR3, 27.04.93)

viel- Aber ich saß gern in den leeren Kälberboxen, die ganz schmal waren und weich ausgepolstert mit kleingehäckseltem Stroh, und wenn einen niemand entdeckte, konnte man in der dunklen Wärme hocken, von den großen Rindern durch einen Mittelgang getrennt, und den warmen, stechenden Geruch einatmen. Auch das war ein Erlebnis von Geborgenheit. *Verstecke* gab es *viele*, und den Erwachsenen war man überall im Weg. Für fast alles, was man auf eigene Faust machte, gab es Strafe, vom Übers-Knie-Gelegtwerden zum Eingesperrtwerden in die schwarze Küche, wo im übrigen Brot gebacken wurde.
(Geschriebener Text; Waltraud Anna Mitgutsch, Die Züchtigung. Düsseldorf, Claasen Verlag 1985.)

viel- Aber kommen wir nochmal zurück auf die Weltmeisterschaft insgesamt. *Helden* gab es *viele* - Helden werden geboren, aber so gut wie keine Stars.
(Geskripteter gesprochener Text; titel, thesen, temperamente, ARD 8.7.90; 22.42 Uhr)

viel- Auf Wohnungssuche: Jedes Semester das gleiche Bild: Studenten auf der Suche nach einer passenden Wohnung. *Möglichkeiten, an eine der dünn gesäten freien Wohnungen zu kommen,* gibt es *viele:* ...
(Geschriebener Text; UNI-Planer der AOK; WS 1988/89 S. 86)

viel- Blau steht mir gut. *Blaue Nickies* hab' ich *viele*.
(Spontan gesprochene Sprache; H. K. am 9.5.81)

viel- *Bücher* hab' ich *viele*, die noch nicht gelesen sind.
(Spontan gesprochene Sprache; J. T. am 6.9.81)

viel- *Bücher* können Sie mir noch *viele* bestellen.
(Spontan gesprochene Sprache H. V. am 11.2.81)

viel- Die örtlichen Tageszeitungen enthalten besonders mittwochs und samstags Angebote an Wohnungen. Viele Zeitungen werden schon am Vorabend des Erscheinungstages verkauft, entweder im Verlagshaus selbst oder durch Straßenverkäufer. Schnelles Handeln ist gefragt, denn *Mitbewerber um eine schöne Unterkunft* gibt es *viele.*
(Geschriebener Text; AOK Uniplaner WS 1988/89, S. 86)

viel- Dubiotok - *solche Inseln* gibt es *viele* in Jugoslawien.
(Geskripteter, gesprochener Text; ARD 12.4.81; 13.15 Uhr)

viel- Eine Umgehungsstraße mußte her. *Lösungsvorschläge dafür* gab es *viele.*
(Geskripteter Text; ZDF aspekte am 18.8.89, 22.34 Uhr; Bericht über die älteste Bürgerinitiative der BRD)

viel- *Friedensappelle* gibt's *viele*, doch der heute war mehr.
(Geskripteter, gesprochener Text; ZDF Kennzeichen D am 20.8.81, 21.25 Uhr)

viel- *Geistige Bedürfnisse* waren in diesen Kreisen nicht *viele* vorhanden; die weltliche Bibliothek des Pfarrers bestand (...) aus einigen altfranzösischen Schäferromanen.
(Geschriebener Text; Passage über die weltlichen Genüsse im Pfarrhaus; in: Gottfried Keller, Der Grüne Heinrich. 1854. Insel TB Frankfurt 1978.)

viel- Gretel Adorno, 91. *Namen* hatte sie *viele.* Brief- und Gesprächsfreund Walter Benjamin nannte sie Felizitas, wenn er von unterwegs schrieb, und Ehemann Theodor Adorno, dessen Familiennnamen Wiesengrund sie nur kurz führen mußte, erklärte sie zu seinem "Drachodonten". Das hatte Margarete Karplus (...), 1902 in Berlin geboren, so gewollt. Entschlossen verzichtete die promovierte Chemikerin, an der Freunde stets "eine gewisse Kühle" wahrnahmen, auf die Karriere, um sich fortan nur noch unter Freunden einen Namen zu machen: als resolute Muse und Arbeitsgenossin ihres "Teddie". Sie folgte Adorno ins Exil nach England und in die USA, tippte, korrigierte und lektorierte seine Bücher zur Musikästhetik, Soziologie oder Literatur und schirmte ihn von weltlichem Unbill ab. Nach seinem Tod 1969 befaßte sie sich mit dem Adorno-Archiv und der Werkausgabe. Gretel Adorno starb am Freitag vorvergangener Woche in Frankfurt.
(Geschriebener Text; Der Spiegel 30/1993 S.184)

viel- Immer wieder habe ich mich ausgelöscht und Befehle an mir vollstreckt, ich bin ein gehorsames Opfer. Wer möchtest du, daß ich bin, frage ich meine Liebhaber und verschwinde in den Rollen, die sie am liebsten sehen. Ich bin Ophelia, Desdemona oder Lulu, je nach Bedarf. Ich lösche mich selbst aus im Kampf um die Liebe und falle vor Verzweiflung aus der Rolle, bleibe stecken, weiß nicht mehr weiter, werde von der Bühne gejagt, eine schlechte Schauspielerin. So willig, so folgsam ich auch immer bin, immer verliere ich den Wettkampf, denn ich verhungere hinter den Rollen und will Applaus für mich selbst, nicht für Lulu, Desdemona und Ophelia. Aber wenn ich herauskrieche aus der Verkleidung, ist nichts übrig als ein kleiner, ausgemergelter Körper und eine kleine, rachsüchtige Seele, mit denen es aussichtslos ist, Herzen zu brechen oder Liebe zu gewinnen. Dann schäme ich mich und schleiche hinter die Kulissen, um mich selbst zu züchtigen für meine Wertlosigkeit, und das Publikum ist empört über den Theaterskandal, eine Schauspielerin wollen wir sehen, keine Exhibitionistin. Mein ganzes Leben ist eine fortgesetzte Selbstzüchtigung, und *Helfershelfer* gibt es *so viele.* [ABSATZ- BZW. KAPITELENDE].
(Geschriebener Text; Mitgutsch, Die Züchtigung, dtv 1987. S.180)

viel- *Joghurts im Pfandglas* gibt es *viele* (KLIMPERN VON GLAS) - aber nur einer wird mit der rahmig-frischen Landliebe-Milch gemacht.(HMMMM) Für nur einen kommt diese Milch mit natürlichem Fettgehalt von ausgewählten Landliebe-Bauernhöfen. (KUHMUHEN) Und bei nur einem werden die Früchte mit Landliebe-Sorgfalt ausgewählt. (JA, NUR DIE SIND GUT GENUG) Deshalb kommt bei uns nur einer ins Pfandglas (GLASKLIMPERN): Der Original Fruchtjoghurt von Landliebe (HMMMM). Alles Gute vom Land. Landliebe.
(Gesprochener Text; Rundfunkwerbung für Landliebe Fruchtjoghurt, WDR2 Mai 1993)

viel- *Koyoten* gibt es *viele* in der Gegend. Man muß sie nur richtig nachmachen, dann ist man sicher.
(Geskripteter gesprochener Text; RTL plus am 29.7.88)

viel- *Masken* gibt's *viele*: cremige, schaumige und solche aus Gel. Masken gibt es für alle Gelegenheiten: als Muntermacher, zur intensiven Pflege, zur gründlichen Reinigung. Interessiert es Sie, wie sie sich unterscheiden, wie sie wirken?
(Geschriebener Text/Lead; "Was Masken alles für die Haut tun können"; Freundin, Heft 26/87 S.88)

viel- *Neue Bakterien* gibt es *viele*, aber wer glaubt schon, daß diese alten Bakterien uns bedrohen könnten?
(Gesprochener, gekripteter Text; ARD 7.7.93, 21.40 Uhr)

viel- *Schals* hab ich jetzt *viele.*
(Spontan gesprochene Sprache; P. V. am 25.12.80, als er einen weiteren Schal als Geschenk bekommt).

viel- *Schlechte Dissertationen* gibt es eigentlich *unheimlich viele.*
(Spontane gesprochene Sprache; Ch. B. im Oktober 1988)

viel- Sie wurden gehandelt wie Schweine. Aus deutschen Landen im Angebot: Mann und Weib, beide etliche 40 Jahre, drei Töchter, 13, 12 und 9, "welche zu allen Diensten gebräuchlich", als Draufgabe "noch ein Mensch von 20 Jahren", allesamt, so eine Anzeige vom 2. Mai 1744 im Königsberger "Intelligenzblatt", "Personen, so verkauft werden sollen" als "Untertanen". *Untertanen* gab es *viele* damals, aber die Bauern waren die untertänigsten, und zu bestellen hatten sie, vom Acker abgesehen, nichts.
(Geschriebener Text; Der Spiegel Nr. 45 vom 2.11.87, S. 74)

viel- *Spekulationen* hatte es im Vorfeld schon *viele* gegeben um diese Rede.
(Geskripteter gesprochener Text; ARD Tagesthemen am 7.12.88)

viel- Und das Land war so groß. Es war so gering bevölkert. *Verlassene Dörfer* gab es noch *viele* aus dem Krieg, Brachland, aufgelassene Pfarrhäuser, Kirchen in Ruinen, leerstehende Klöster, Heiden, verwilderte Friedhöfe, auf denen neuerdings Kühe weideten und von alters her die Braukessel, der Gemeinde oder Stadt gehörig, untergebracht waren - Verstecke, Gelegenheit unterzutauchen allemal.
(Geschriebener Text; E. Plessen, Kohlhaas. Roman. Frankfurt/M. Fischer Verlag 1987, S. 127)

viel- Vermutlich kam die Zuneigung seiner Freunde aus der gleichen Quelle wie der Haß seiner Feinde. Beiden teilte sich in Dutschkes Auftritten mit, daß dieser unkorrumpierbare Agitator das Herz der intellektuellen Revolte war. Noch wenn er abstrakte Reden hielt (und *abstrakte Reden* hielt er *viele*), dozierte er nicht.
(Geschriebener Text; Der Spiegel Nr. 16 vom 18.4.88)

viel- [PERFEKTES VOLUMEN.] *Schaumfestiger* gibt es *viele*, und wer die Wahl hat, hat die Qual? Nicht unbedingt. Sie können sich ganz einfach für Wellaflex entscheiden. Der Schaumfestiger extra stark gibt volles Volumen, Stand und extra langen Halt. Die Schaumfestiger für feines und coloriertes Haar geben Volumen auf besonders sanfte Weise, denn sie enthalten keinen Alkohol. Darüber hinaus haben alle Schaumfestiger eine patentierte Wirkstoffkombination mit Chitosan. Und damit bleibt Ihre Frisur sogar bei hoher Luftfeuchtigkeit vollkommen geschützt. Verlassen Sie sich darauf: Perfektes Styling kommt von Wellaflex.
(Geschriebener Text; Werbeanzeige für Wella Flex Schaumfestiger; Freundin 6/93)

viel- [SO KRIEGEN SIE DEN JOB! LERNEN SIE IHRE STÄRKEN KENNEN, GLÄNZEN SIE MIT IHREN UNTERLAGEN, TRAINIEREN SIE IHREN AUFTRITT. HIER ERFAHREN SIE, WIE MAN SICH BEI DER BEWERBUNG OPTIMAL VERKAUFT.] *Stellen* gibt es *viele*, aber meist noch mehr Bewerberinnen. Ob man keinen Job hat und einen sucht oder nur die Firma wechseln will: Entscheidend ist, wie man sich bewirbt.
(Geschriebener Text; Freundin Extra-Heft Berufsjournal Nr. 6/93)

viel- Heimgekehrt von der Buchmesse, wird man gefragt: Was war das beherrschende Thema, wohin läuft der Trend? Ach, *Themen* gab es *so viele wie Bücher*, und die Trends waren so zahlreich wie die Verlagskojen. Eine fatale Kleinigkeit aber fiel auf: Die äußere Gestalt der Bücher befindet sich im Niedergang. Wo einstmals klare grafische Konzeptionen die geistige Physiognomie eines Verlages und seines Programms prägten, herrscht heute geschmäcklerische Beliebigkeit.
(Geschriebener Text; U. Greiner, "Bunte Bildchen", Die Zeit Nr. 42 vom 10.10.86)

viel Zentrum der Kriminalitätswelle ist Budapest. Fast ein Drittel der Delikte wird in der ungarischen Hauptstadt begangen. Wird jemand Opfer eines Kriminalfalles, hat er recht wenig Chancen, daß die Täter je gefaßt werden. Die Aufklärungsrate lag 1992 bei 32,8 Prozent. *Ursachen für die Ineffizienz* gibt es *viele*. Eine der wichtigsten: die Polizisten sehen sich bei der Strafverfolgung durch Menschenrechts-Vorschriften behindert. "Nichts dürfen wir mehr, gar nichts", sagt ein Streifenpolizist zu dem Wohnungsinhaber, als die beiden in der zerwühlten und ausgeraubten Wohnung auf die Spurensicherung warten. Und wem das zweifelhafte Vergnügen zuteil wird, binnen Jahresfrist zweimal ausgeraubt zu werden, kann sich mit der Aufklärungsrate nicht trösten: von den jährlich etwa 100 000 Einbrüchen werden nur 25 Prozent aufgeklärt.
(Geschriebener Text; Bèla Weyer, Rasanter Anstieg der Kriminalität in Ungarn; Süddeutsche Zeitung Nr. 170 vom 27.7.93, S.8)

viel- Zwar habe man im Fall von Ayten S. nichts mehr bewegen können, erklärt der Sozialarbeiter Markus Grimberg, doch solle das Büro darauf aufmerksam machen, daß Diskriminierung nicht mehr hingenommen wird. *Beispiele dafür* gebe es *viele:* "Die Wohnung ist schon vergeben" erfahren viele bei der Wohnungssuche. Oft bleiben Ausländern selbst Freizeiteinrichtungen wie Fitneßcenter versperrt, und ausländischen Sportmannschaften werden Trainingshallen verwehrt. Mitunter durften ausländische Arbeitskräfte am Arbeitsplatz nicht einmal ihre Muttersprache sprechen. (...)
(Geschriebener Text, aus: "Sie sollen arbeiten und nicht führen" von Uwe Pollmann, Kölner Stadtanzeiger Nr. 42 vom 18./19. 2. 1995 S.5)

viel- Dalmatiner, Dackel, Pudel. Schnauzer, Spitz und Dobermann. *Hunde* gibt's *viele*. Aber muß man sie deshalb auch alle halten? In der Stadt? Allwo sie dann ihre tierische Notdurft auf Bürgersteigen und Grünflächen verrichten? Nein - meint jedenfalls unser Autor Jörg Albrecht. Und macht seinem Herzen Luft.
(Geschriebener Text; aus: "Entscheidend ist, was hinten rauskommt" von J. Albrecht. Kölner Stadtanzeiger vom 1./2.4. 95, Moderne Zeiten S.3)

viel- Ich bin 70 Jahre alt. Ich habe 12 Kinder, 10 davon sind schon gestorben, sie sind Söhne. 2 leben noch. *Enkel* gibt es *viele;* Ur-Enkel 13 oder 14.
(Geskripteter Text; S3 "Länder, Menschen, Abenteuer" am 26.10.94 über die Orang Laud in Indonesien)

viel- Superunwort//Das Unwort des Jahres? Ach, liebe Gesellschaft für deutsche Sprache, *Unworte* fallen einem *viele* ein: Kerneuropa, Krisenreaktionskräfte, Rotlackiertefaschisten. Alles zum Schütteln. Aber ***das*** Unwort des Jahres? Das Unwort des Wahljahres? Des Superwahljahres? Des Superwahljahres! Moment mal, das Superwahljahr.//...
(Geschriebener Text; Die Zeit Nr.44 vom 28.10.94 S.1)

viel- *Rosen* gibt es *viele* auf der Erde, ohne Dornen aber nicht. Mädchen, willst du glücklich werden, so vergiß die Heimat nicht.
(Poesiealbumspruch; geschriebener Text)

viel- *Locken* wird es im kommenden Herbst und Winter wieder *viele* geben. Aber keine gedrechselten, sondern solche, die Halt und Volumen geben. Marlies Möller, Hamburg. Mein Tip: Viel Fülle.
(Geschriebener Text; Freundin ??? 1992, S.82)

viel- "Wasser hat keine Balken" - getreu diesem Motto begegnet der Normalbürger aus dem Binnenland der Seefahrt überwiegend mit starkem Mißtrauen. Doch das stellt sich in vielen Fällen als vollkommen unbegründet heraus.// *Der Vorurteile* gibt es *viele*: An vorderster Stelle steht wohl noch immer die Angst vor Seekrankheit. ...
(Geschriebener Text; Kölner Stadtanzeiger vom 2.2.94, S.44).

viel- B.:Weißt du eigentlich, warum gerade du das Opfer von Neofaschisten geworden bist?
Z.: Naja, *der Theorien* gibt's ***viele***, aber ...
(Spontan gesprochene Sprache; H. Zilk, Bürgermeister von Wien in "Boulevard Bio", ARD am 14.9.94, 23.20 Uhr)

viel- [*EINLEITUNGSSEQUENZ ZU EINER FERNSEHSENDUNG*] Tja, spätestens jetzt werden Sie eigentlich wissen, worum es in unserer Sendung heute geht. Nämlich um das angeblich deutscheste aller Gemüse, um Sauerkraut. Herzlich willkommen also im Ratgeber Essen und Trinken. *Sauerkrautrezepte* gibt's natürlich *unglaublich viele*, und jeder wird da seine eigenen Vorlieben haben. Wir zeigen Ihnen mal, wie wir's am liebsten essen.
(Gesprochener geskripteter Text; Ratgeber Essen und Trinken; WDR 3 Fernsehen, am 25.11.94)

wenig- 1900 Zloty Monatsmiete zahlt die Reicz-Familie für ihr Zimmer Nummer 214, gerade 15 Quadratmeter groß. Für 20 Familien gibt es eine Gemeinschaftsküche, zwei Duschen und zwei Toiletten. Soziale Konflikte sind vorprogrammiert: Die strenge Hausordnung, von einem "Portier" überwacht, verbietet den Kindern das Spielen auf dem Gang. Und *Spielplätze* gibt es nur *wenige* hier, im schmutzig-grauen Arbeiterviertel Wrzeszc, nahe der Leninwerft.
(Geschriebener Text; B. Dörler über Solidarnosc und die Werftarbeiter in Danzig, Der Spiegel, Nr. 46, 14. Nov. 1988, S. 178)

wenig- Erwachsene sollten wenigstens die Zähne regelmäßig und gründlich mit fluoridhaltiger Zahncreme oder Zahngelee behandeln. Fluoride sind zwar in sehr vielen Lebensmitteln enthalten. Doch *besonders ergiebige Quellen* gibt es nur *wenige*. Die besten Fluoridlieferanten sind Seefische, Schwarzer Tee und einige Mineralwässer. Beachtenswert ist, daß Calcium die Fluoridaufnahme beeinträchtigt. Fluoridtabletten sollten deshalb nie zusammen mit Milch eingenommen werden.
(Geschriebener Text; Apothekenumschau 16.7.1990, S.13.

wenig- *Fahrradwege* gibt es in den Städten zumeist recht *wenige*.
(Geskripteter Text; WDR2 Radio, 3.3.81 19.27 Uhr)

wenig- Im ersten Satz spielten beide vorwiegend von der Grundlinie aus und warteten auf die Fehler des anderen. *Netzattacken* gab es nur *wenige*.
(Geskripteter Text, WDR 3 Fernsehen am 12.5.89, ca. 19.30 Uhr)

wenig- Unter den Anwesenden herrscht meistens tiefes Schweigen: alle sehen einander tagtäglich; die geistigen Schätze sind erschöpft und ergründet, und *Nachrichten von außen* treffen *wenige* ein.
(Geschriebener Text; I.A. Gontscharow, Oblomov; übersetzt v. J. Hahn. München, Winkler 1960/1980, S. 168)

wenig- Wollte man die zehn wichtigsten Väter der Bundesrepublik aufzählen, so wäre Strauß (...) selbstverständlich dabei. Seine "Erinnerungen" sind, obwohl bruchstückhaft und obwohl er sie nicht mehr autorisieren konnte, authentisch herausgebracht worden. *Gravierende Fehler* gibt es *wenige*.
(Geschriebener Text; Der Spiegel Nr. 35 vom 28.8.89 S. 28)

wenig- [ES GEHT UM RECHTSRADIKALISMUS IN ÖSTERREICH] *Antisemiten* haben wir *wenige*, die andern leben von Angst.
(Gesprochener; ?geskripteter Text, 3sat am 23.10.94)

wenig- [SO HILFT DER ADAC DEN TRABBIS - DIE GELBEN ENGEL PACKEN AN UND SORGEN DAFÜR, DAß DIE OST-AUTOS DEN WEST-BESUCH ÜBERSTEHEN.] ... Spontan wurden die Notrufzentralen personell verstärkt, fährt der Pannendienst rund um die Uhr Sondereinsätze.// Das ist auch mehr als notwendig, denn die Ost-Vehikel machen beim Ausflug in den Westen reihenweise schlapp. *Ersatzteile* gibt es *wenige*, also müssen sich die Helfer etwas einfallen lassen: Kaputte Kühler werden gelötet, zerbrochene Auspuffanlagen geschweißt, und bei platten Reifen wird geflickt wie in alten Zeiten: Schlauch unter Wasser, Loch finden und Flicken drauf.
(Geschriebener Text; ADAC motorwelt 12/89, S. 86)

8. Bibliographie

Abney, S., 1987. *The English Noun Phrase in its Sentential Aspect*. Cambridge/Mass.: MIT.

Abraham, W., 1977. Komplexe Nominalgruppen im Deutschen: Thema-Rhemaverteilung und das squish-Prinzip. *ZGL* 5; 145-180.

Abraham, W. (Hrsg.), 1982. *Satzglieder im Deutschen. Vorschläge zur syntaktischen und pragmatischen Fundierung*. Tübingen: Narr (= SDG 15).

Abraham, W., 1985. Wortstellung und das Mittelfeld im Deutschen. In: Abraham, W. (Hrsg.) 1985; 27-52.

Abraham, W. (Hrsg.), 1985. *Erklärende Syntax des Deutschen*. Tübingen: Narr (= SDG 25).

Abraham, W., 1994. Fokusgrammatik und Indefinitheit. In: Haftka (Hrsg.) 1994; 235-246.

Abraham, W./H.W. Eroms/O.E. Pfeiffer (Hrsg.), 1992. *Themenband: Thema/Rhema aktuell*. (= Folia Linguistica, Acta Societatis Linguisticae Europaeae, Tomus XXVI/1-2 1992). Berlin: Mouton/de Gruyter.

Abraham, W./J. Bayer (Hrsg.), 1993. *Dialektsyntax*. Opladen: Westdeutscher Verlag (= Linguistische Berichte, Sonderheft 5/1993).

Adamzik, K., 1987. *Probleme der Negation im Deutschen*. Münster: Nodus Publ.

Ahrens, R.E. 1979. Syntax und Intonation in der gesprochenen deutschen Standardsprache. *Miszellen V.*; 7-27.

Allerton, D.J. & A. Cruttenden, 1979. Three reasons for accenting a definite subject. *Journal of Linguistics* 15 (I); 49-53.

Auer, P., 1993. Zur Verbspitzenstellung im gesprochenen Deutsch. *Deutsche Sprache* 3/1993; 193-222.

Auwera, J. van der (ed.), 1980. *The semantics of determiners*. London: Croom Helm.

Ball, C.N. & E.F. Prince, 1977. A note on stress and presupposition. *Linguistic Inquiry* 8 (3); 585.

Bannert, R., 1983. Modellskizze für die deutsche Intonation. *LiLi* 49; 9-34.

Bartsch, R., 1975. Topic-Fokus-Struktur und kategoriale Syntax. In: Ehrich/Finke (Hrsg.) 1975; 85-99.

Bauer, H., 1833. *Vollständige Grammatik der neuhochdeutschen Sprache*. Nachdruck der Ausgabe Berlin 1827-1833. Berlin/New York: de Gruyter.

Becker, A. und I. Gutfleisch-Rieck, 1994. Freie Wortstellung und Text: Kontextrelationale Reihungsbedingungen. In: Haftka (Hrsg.) 1994; 247-258.

Behaghel, O. 1913. Fernstellung zusammengehöriger Wörter im Deutschen. *IF* 31, 1913; 377-398.

Beneš, E., 1967. Die funktionale Satzperspektive (Thema-Rhema-Gliederung) im Deutschen. *Deutsch als Fremdsprache* 4; 23-28.

Beneš, E., 1971. Die Besetzung der ersten Position im deutschen Aussagesatz. In: *Fragen der strukturalen Syntax und der kontrastiven Grammatik;* 160-182.

Beneš, E., 1973. Thema-Rhema-Gliederung und Textlinguistik. In: Sitta, H./K. Brinker (Hrsg.) 1973. *Studien zur Texttheorie und zur deutschen Grammatik. Festgabe für Hans Glinz zum 60. Geburtstag.* Düsseldorf: Schwann; 42-62.

Bhatt, Ch., 1990. *Die syntaktische Struktur der Nominalphrase im Deutschen.* Tübingen: Narr.

Bhatt, Ch./E. Löbel/C. Schmidt (Hrsg.), 1988. *Syntactic Phrase Structure Phenomena in Noun Phrases and Sentences.* Amsterdam: Benjamins.

Biber, D., 1988. *Variation across speech and writing.* Cambridge: CUP.

Bieberle, B., 1972. Satzgliedstellung und Mitteilungswert. *Deutsch als Fremdsprache* 9; 54-59.

Bierwisch, M., 1971. Regeln für die Intonation deutscher Sätze; Untersuchungen über Akzent und Intonation im Deutschen. *Studia grammatica* 7. Berlin; 99-201.

Brown, G./G. Yule, 1983. *Discourse analysis.* Cambridge: CUP.

Brünner, G., 1991. Redewiedergabe in Gesprächen. *Deutsche Sprache* 19/1991,1; 1-15.

Bulach, N.A. 1968. Zum Wesen und Gebrauch der Negation "kein". *Deutsch als Fremdsprache* 6/1968; 329-334.

Carden, G., 1976. *English Quantifiers: Logical Structure and Linguistic Variations.* New York: Academic Press.

Chafe, W.L., 1976. Givenness, contrastiveness, definiteness, subjects, topics, and point of view. In: Li, C.N. (ed.) 1976; 25-55.

Chomsky, N., 1982. *Some concepts and consequences of the theory of government and binding.* Cambridge/Mass.: MIT.

Chomsky, N., 1986. *Barriers*. Cambridge/Mass.: MIT.

Coulthard, M. (ed.), 1992. *Advances in Spoken Discourse Analysis.* London: Routledge.

Coulthard, M./M. Montgomery (eds.) 1981. *Studies in Discourse Analysis.* London: Routledge.

Dahlhaus, B., 1994. *Fertigkeit Hören*. München: Langenscheidt.

Drach, E., 1937 (1963⁴), *Grundgedanken der deutschen Satzlehre*. Frankfurt/M.: Diesterweg.

Dürscheid, Ch., 1989. *Zur Vorfeldbesetzung in deutschen Verbzweit-Strukturen*. Trier: WVT.

Eisenberg, P., 1989². *Grundriss der deutschen Grammatik.* Stuttgart: Metzler.

Elliott, W.N., 1983. Local Binding and Extraction from NP. In: Haik, I./D. Massam (eds.), 1983. *Papers in Grammatical Theory* (= MIT Working Papers in Linguistics, vol. 5). Cambridge/Mass.: MIT.

Engel, U., 1978. Verbgrammatik und Wortstellung. *DS* 6;97-109.

Erdmann, O., 1886. *Grundzüge der deutschen Syntax nach ihrer geschichtlichen Entwicklung dargestellt. Erste Abteilung*. Stuttgart.

Erdmann, P., 1978. 'There'-Constructions in English and German. *IRAL* 16; 187-211.

Eroms, H.-W., 1992. Thema-Rhema-Schichtungen und -setzungen. In: Abraham et al. (Hrsg.) 1992, 3-18.

Eroms H.-W., 1993. Der indefinite Nominalnegator *kein* im Deutschen. In: Vuillaume et al. (Hrsg.) 1993; 1-18.

Esser, J., 1978. Möglichkeiten der linguistischen Analyse im Bereich der Thema-Rhema-Gliederung. *Anglistik und Englischunterricht* 6; 55-62.

Esser, J. & A. Hübler (eds.), 1981. *Forms and functions. Papers in General English, and applied linguistics presented to Vilém Fried on the occasion of his 65th birthday.* Tübingen: Narr.

Fanselow, G., 1987. *Konfigurationalität*. Tübingen: Narr.

Fanselow, G., 1988. Aufspaltung von NPn und das Problem der 'freien' Wortstellung. *Linguistische Berichte* 114/1988; 91-113.

Fanselow, G./S. Felix, 1987. *Sprachtheorie 2: Die Rektions- und Bindungstheorie*. Tübingen: Francke.

Fehlisch, U., 1986. Jeder: Stellungs- und Referenzeigenschaften. In: Vater (Hrsg.) 1986; 83-123.

Fluck, H.R., 1992. *Didaktik der Fachsprachen*. Tübingen: Narr.

Flückinger-Studer, T., 1983. *Quantifikation in natürlichen Sprachen. Zur Syntax und Semantik frz. und dt. Beschreibung*. Tübingen: Niemeyer (= LA 132).

Fox, A., 1982. Remarks on intonation and "Ausrahmung" in German. *Journal of Linguistics* 18; 89-106.

Fraser, B., 1990. An Approach to Discourse Markers. *Journal of Pragmatics* 14 (1990); 383-395.

Fuchs, A., 1976. Normaler und kontrastiver Akzent. *Lingua* 38; 293-312.

Fuchs, A., 1980. Accented subjects in "all-new" utterances. In: Brettschneider, G. & Ch. Lehmann (Hrsg.), 1980. *Wege zur Universalienforschung*. Tübingen: Narr; 449-461.

Gadler, H., 1980. Die Akzeptabilität der Abfolge nominaler Satzglieder im Deutschen. In: Abraham, W. (Hrsg.) 1982; 155-170.

Gibbon, D., 1981a. A new look at intonation syntax and semantics. In: James, A. & C. Westney (eds), 1981. New linguistic impulses in foreign language teaching. Tübingen; 71-98.

Gibbon, D. & M. Selting, 1983. Intonation und die Strukturierung des Diskurses. *Zeitschrift für Linguistik und Literaturwissenschaft* 13 (49), 53-73.

Givón, T. (ed.), 1979. *Syntax and Semantics Volume 12: Discourse and Syntax*. New York: Academic Press.

Givón, T., 1979. From discourse to syntax: grammar as a processing strategy. In: Givón (ed.) 1979; 81-112.

Glaser, E., 1993. Syntaktische Strategien zum Ausdruck von Indefinitheit und Partitivität im Deutschen (Standardsprache und Dialekt). In: Abraham/Bayer (Hrsg.), 1993; 99-116.

Goffman, E., 1981. *Forms of talk*. Oxford: Blackwell.

Greenbaum, S., 1991. ICE: The International Corpus of English. *English Today* 28, vol. 7, no. 4; 3-7.

Greenberg, J. H., 1961. Some universals of grammar with particular reference to the order of meaningful elements. In: Greenberg, J.H. (ed.), 1966^2. *Universals of language*. Cambridge, Mass.; 73-113.

Grewendorf, G., 1980. Funktionale Satzperspektive und deutsche Wortstellung. *Linguistische Berichte* 66; 28-40.

Grewendorf, G., 1985. *Deutsche Syntax, Teil I*. Frankfurt/M. Johann Wolfgang Goethe-Universität, Institut für Deutsche Sprache u. Literatur II.

Grewendorf, G., 1986. *Deutsche Syntax, Teil II*. Frankfurt/M., Johann Wolfgang Goethe-Universität, Institut für Deutsche Sprache und Literatur II.

Grewendorf, G. 1988. *Aspekte der deutschen Syntax. Eine Rektions- und Bindungsanalyse*. Tübingen: Narr (= SdG 33).

Grimm, H.J., 1982. Zur Unterscheidung von 'ein' als unbestimmter Artikel und als Numerale. Germanistische Vorüberlegungen für konfrontative Untersuchungen. *Wissenschaftliche Zeitschrift der Karl-Marx-Universität Leipzig, gesellschafts- und sprachwissenschaftliche Reihe* 31. Leipzig; 329-341.

Grimm, H./J. Engelkamp, 1981. *Sprachpsychologie*. Berlin: Erich Schmidt Verlag.

Grimm, J., 1893. *Deutsche Grammatik*. Gütersloh.

Grimm, J./W. Grimm, 1873. *Deutsches Wörterbuch*, Bd. 5. Leipzig: Hirzel.

Haftka, B., 1978. Bekanntheit und Neuheit als Kriterien für die Anordnung von Satzgliedern. *Deutsch als Fremdsprache* 15; 157-164.

Haftka, B. (Hrsg.), 1994. *Was determiniert Wortstellungsvariation?* Opladen: Westdeutscher Verlag.

Haftka, B., 1994. Wie positioniere ich meine Position? Überlegungen zu funktionalen Phrasen im deutschen Mittelfeld. In: Haftka (Hrsg.) 1994; 139-160.

Haider, H., 1988. Die Struktur der deutschen Nominalphrase. *ZS* 7,1 (1988); 32-59.

Halliday, M.A.K. & R. Hasan, 1991³. *Language, context, and text: aspects of language in a social-semiotic perspective*. Oxford: OUP.

Havers, W., 1926. Der sogenannte Nominativus pendens. *Indogermanische Forschungen* 43; 207ff.

Hawkins, J., 1978. *Definiteness and Indefiniteness. A Study in Reference and Grammaticality Prediction*. London: Croom Helm.

Hawkins, J., 1980. On Surface Definite Articles in English. In: Auwera, J. (ed.), 1980; 41-66.

Heidolph, K.E./W. Flämig/W. Motsch, 1981. *Grundzüge einer deutschen Grammatik*. Berlin: Akademie Verlag.

Heinemann, W./M. Heinemann, 1981. Zur linearen Darstellung von Problemfällen der deutschen Syntax in Satzbauplänen. *Sprachpflege* 1981/2; 17-21.

Helbig, G./W. Schenkel, 1973. *Wörterbuch zur Valenz und Distribution deutscher Verben*. Leipzig: Bibliographisches Institut.

Hellwig, J., 1898. *Die Stellung des attributiven Adjektivs im Deutschen*. Halle: E. Karras.

Herling, S.H.A., 1821. Über die Topik der deutschen Sprache. In: *Abhandlungen des frankfurterischen Gelehrtenvereins für deutsche Sprache*. Frankfurt/M. 1821; 296-362, 394.

Höhle, T., 1976. *Die Stellungsfelder des Verbalsatzes*. Mimeo, unveröff.

Höhle, T., 1982. Explikation für "normale Betonung" und "normale Wortstellung". In: Abraham, W. (ed.), 1982; 75-154.

Hoffmann, L., 1992. Thema und Rhema. In: Abraham et al. (Hrsg.) 1992; 29-46.

Hofmann, U., 1994. *Zur Topologie im Mittelfeld: Pronominale und nominale Satzglieder*. Tübingen: Niemeyer.

Hopper, P., 1979. Aspect and foregrounding in discourse. In: Givón, T. (ed.), 1979. *Syntax and Semantics, vol. 12, Discourse amd syntax*. New York: Academic Press.

Hudson, R., 1984. *Word Grammar*. Oxford: Blackwell.

Jacobs, J. (Hrsg.), 1992. *Informationsstruktur und Grammatik*. Opladen: Westdeutscher Verlag.

Keenan, E.O.& B.B. Schieffelin, 1976. Topic as a Discourse Notion: A Study of Topic in the Conversations of Children and Adults. In: Li, Ch.N. (ed.) 1976; 335-384.

Kimura, D. 1964. Left-right differences in the perception of melodies. *Quarterly Journal of Experimental Psychology* 16; 355-358.

Kirkwood, H.W., 1977. Discontinuous noun phrases in existential sentences in English and German. *JL* 13; 1977, 53-66.

Kirkwood, H. W., 1978. Options and constraints in the surface ordering of noun phrases in English and German. *Journal of Pragmatics* 2; 225-245.

Klein, W., 1993. Ellipse. In: Jacobs, J. , A. v. Stechow, W. Sternefeld, Th. Vennemann (Hrsg.), 1993. *Syntax. Ein internationales Handbuch zeitgenössischer Forschung*. 1. Halbband. Berlin/New York: W. de Gruyter. 763-799.

Klein, W. & A. V. Stechow, 1982. *Intonation und Bedeutung von Fokus*. Sonderforschungsbereich 99. Universität Konstanz.

Kniffka, G, 1986. Zur Distanzstellung von Quantoren und Qualifikatoren. In: Vater (Hrsg.) 1986; 57-82.

Kniffka, G., 1988. *Kurze Zusammenfassung der wichtigsten Kritikpunkte an Fanselow, Aufspaltung von NPn und das Problem der 'freien' Wortstellung*. Universität Köln (unveröff.)

Kniffka, H., 1980. *Soziolinguistik und empirische Textanalyse*. Tübingen: Niemeyer (=LA 94).

Kühn, I., 1989. Beschreibungsansatz von Illokutionsstrukturen im poetischen Text, dargestellt am Beispiel der erlebten Rede. *Kwartalnik Neofilologiczny* 36, 3/1989; 231-240.

Labov, W., 1972. *Sociolinguistic Patterns*. Philadelphia: University of Philadelphia Press.

Lange, K.-P., 1978a. "Subjekt-Inversion" im Mittelfeld des deutschen Satzes. *Deutsche Sprache* 6; 193-202.

Lange, K.-P., 1979. Wie regelt sich die Abfolge von NP im Mittelfeld nun wirklich? Eine Replik auf Lenerz' Kritik. *Deutsche Sprache* 7; 245-246.

Langenscheidts Großwörterbuch Deutsch als Fremdsprache. 1993. Berlin, München: Langenscheidt.

Lawrenz, B., 1991. *Zum syntaktischen Status der Apposition in der DP/NP*. Dissertation Universität zu Köln.

Lenerz, J., 1977. *Zur Abfolge nominaler Satzglieder im Deutschen*. Tübingen: Narr (=SDG 5).

Lenerz, J., 1977. *Zum Einfluß des "Agens" auf die Wortstellung im Deutschen*. In: Viethen/Bald/Sprengel (Hrsg.), 1977; 133-142.

Lenerz, J., 1979. "Subjekt-Inversion" im Mittelfeld des deutschen Satzes. Einige Bemerkungen zu dem gleichnamigen Aufsatz von Klaus-Peter Lange. *Deutsche Sprache* 7; 241-245.

Lenerz, J., 1981. Zum gegenwärtigen Stand der Wortstellungsforschung. *Beiträge zur Geschichte der deutschen Sprache und Literatur* 103, Tübingen; 6-30.

Lenerz, J., 1994. Pronomenprobleme. In: Haftka, B. (Hrsg.) 1994; 161-173.

Leumann, M./J.B. Hoffmann/A. Szantyr, 1973². *Lateinische Grammatik. Zweiter Band: Syntax und Stilistik*. München: Beck.

Li, Charles N. (ed.), 1976. *Subject and Topic*. New York: Academic Press.

Lieb, H.H., 1980. Intonation als Mittel verbaler Kommunikation. *Linguistische Berichte* 68; 34-48.

Lindsey, G., 1981. Intonation and pragmatics. *Journal of the International Phonetic Association* 11 (1); 2-21.

Link, G., 1974. Quantoren-Floating im Deutschen. In: Kiefer/Perlmutter (Hrsg.), 1974. *Syntax und generative Grammatik, Bd. 2*, Frankfurt/M.; 105-127.

Linke, A./M. Nussbaumer/P.R. Portmann, 1994. *Studienbuch Linguistik*. Tübingen: Niemeyer.

Lipka, L., 1977. Functional sentence perspective, intonation and the speaker. In: Gutknecht, C. (Hrsg.), 1977. *Grundbegriffe und Hauptströmungen der Linguistik*. Hamburg; 133-141.

Löbel, E., 1990. D und Q als funktionale Kategorien in der Nominalphrase des Deutschen. *Linguistische Berichte* 127/1990; 232-264.

Löbel, E., 1993. Zur Distribution und Abgrenzung von enger Apposition und Attribut. In: Vuillaume et al. (Hrsg.) 1993; 145-166.

Lötscher, A., 1983. *Satzakzent und funktionale Satzperspektive*. Tübingen, Niemeyer (=LA 127).

Ludwig, H.W. (Hrsg.), 1982. *Romananalyse*. Tübingen: Narr.

Lutz, L., 1981. *Zum Thema "Thema". Einführung in die Thema-Rhema-Theorie*. Hamburg: Buchagentur.

Lyons, J., 1977. *Semantics. Vol. I*. Cambridge: CUP.

McCarthy, M., 1993. Spoken discourse markers in written texts. In: Sinclair et al. (eds.) 1993; 170 -182.

McCray, A. Th., 1981. Sentence initial elements in German. In: Hendrick/Masek/Miller (eds.), 1981. Chicago: Chicago Linguistic Society; 205-220.

Meillet, A., 1909. *Einführung in die vergleichende Grammatik der indogermanischen Sprachen*. (Übers. W. Printz), Leipzig: Teubner.

Mettke, H., 1983. *Mittelhochdeutsche Grammatik*. Leipzig: VEB.

Monaco, J. 1991. Film verstehen. Hamburg: Rowohlt.

Mosel, U., 1987. *Inhalt und Aufbau deskriptiver Grammatiken. Arbeitspapier Nr. 4 (NF)*. Köln: Institut für Sprachwissenschaft der Universität Köln.

Müller, M., 1986. Zur Verbindbarkeit von Determinantien und Quantoren. In: Vater (Hrsg.) 1986; 33-56.

Neppert, J./M. Petursson. 1992. *Elemente einer akustischen Phonetik*. Hamburg: Buske.

Nunan, D., 1993. *Introducing Discourse Analysis*. Harmondsworth: Penguin.

O'Connell, D.C., E.A. Turner & L.A. Onuska, 1968. Intonation, grammmatical structure and contextual association in immediate recall. *Journal of Verbal Learning and Verbal Behaviour* 7; 110-116.

Olsen, S., 1989a. Das Possessivum: Pronomen, Determinans oder Adjektiv? *Linguistische Berichte* 120/1989; 133-153.

Olsen, S., 1989b. AGR(eement) in the German Noun Phrase. In: Bhatt/Löbel/Schmidt (Hrsg.) 1989; 39-49.

Olsen, S., 1991. Die deutsche Nominalphrase als Determinansphrase. In: Olsen/Fanslow (Hrsg.) 1991; 35-56.

Olsen, S./G. Fanselow (Hrsg.), 1991. *DET, COMP und INFL. Zur Syntax funktionaler Kategorien und grammatischer Funktionen.* Tübingen: Niemeyer.

Olszock, K./E. Weuster, 1983. *Zur Wortstellungsproblematik im Deutschen.* Tübingen: Narr (=SDG 20).

Oomen, I., 1977. *Determination bei generischen, definiten und indefiniten Beschreibungen im Deutschen*. Tübingen: Niemeyer (=LA 53).

Paul, H., 1908². *Deutsches Wörterbuch*. Halle.

Paul, H., 1919. *Deutsche Grammatik III*. Halle.

Paul, H., 1969 ²⁹. *Mittelhochdeutsche Grammatik*. 20. Auflage von Hugo Moser und Ingeborg Schröb, Tübingen: Niemeyer.

Pheby, J.A., 1981. Phonologie: Intonation. In: Heidolph, K.E., W. Flämig, W. Motsch u.a. (eds), Berlin: Akademie-Verlag; 839-897.

Pheby, J.A., 1983. Intonationsbeschreibung des Deutschen mit Hilfe von "Informationseinheit" und "Informationsverteilung". *Zeitschrift für Linguistik und Literaturwissenschaft* 13 (49); 35-52.

Pfister, M. 1977. *Das Drama*. München: Fink.

Presch, G., 1977. *Syntaktische Diskontinuität: Linearität als grammatisches Prinzip und als Problem sprachlicher Rezeption*. Hildesheim: Olms.

Pérennec, M.-H., 1988. Von floatenden Quantoren und topikalisierten Nominalphrasen. *Cahiers d'études Germanique no. 14*, 1988; 91-104.

Pérennec, M.-H., 1993. Was leistet der Nullartikel, falls es ihn gibt? In: Vuillaume et al. (Hrsg.) 1993; 19-40.

Radford, A., 1981. *Transformational Syntax*. Cambridge: CUP.

Reis, M., 1977. *Präsupposition und Syntax*. Tübingen: Niemeyer (=LA 51).

Reis, M., 1980. On Justifying Topological Frames: 'Positional Field' and the Order of Nonverbal Constituents in German. In: *DRLAV* 22/23. Paris; 59-85.

Reis, M., 1985. Satzeinleitende Strukturen im Deutschen. Über COMP, Haupt- und Nebensätze, w-Bewegung und Doppelkopfanalyse. In: Abraham, W. (Hrsg.), 1985; 271-311.

Reis, M. (Hrsg.), 1993. *Wortstellung und Informationsstruktur*. Tübingen: Niemeyer.

Riemsdijk, H. van, 1987. *Movement and Regeneration*. Tilburg University. (mimeo)

Ritter, E., 1986. *Genitive NPs in Hebrew: A Functional Analysis. General Paper*. Cambridge/Mass.: MIT

Roncador, M. von, 1988. *Zwischen direkter und indirekter Rede*. Tübingen: Niemeyer.

Rosengren, I., 1994. Scrambling - was ist das? In: Haftka (Hrsg.) 1994; 175-196.

Sanders, D., 1860. *Wörterbuch der deutschen Sprache, Band 1*. Leipzig: Wigand.

Sanders, D., 1894. *Wörterbuch der Hauptschwierigkeiten in der deutschen Sprache*. Berlin.

Sanders, D., 1895. *Satzbau und Wortfolge in der deutschen Sprache*. Weimar: Felber.

Schanen, F., 1993. ALL-: Determinans? Quantor? Identifikator? Totalisator? In: Vuillaume et al. (Hrsg.) 1993; 41-64.

Schank, G., 1989. *Redeerwähnung im Interview*. Düsseldorf: Schwann (=Sprache der Gegenwart 78).

Schecker, M., 1993. Zur Reihenfolge pränominaler Adjektive im Rahmen einer kognitiv orientierten Grammatik. In: Vuillaume et al (Hrsg.) 1993; 105-130.

Scheidtweiler, G., 1991. Die Einblendung erlebter Rede in die indirekte Rede. Muttersprache 101/1991, 338-347.

Scherpenisse, W., 1985. Die Satzstruktur des Deutschen und Niederländischen im Rahmen der GB-Theorie. Eine Reaktion auf Marga Reis' Doppelkopfkritik. In: Abraham, W. (Hrsg.), 1985; 313-334.

Schiffrin, D., 1994. *Approaches to Discourse*. Oxford: Blackwell.

Schoenke, E., 1992. Das finite Verb in der Funktionalen Satzperspektive. In: *Folia Linguistica* 26 (1992) 1-2; 47-64.

Schumann, H. (Hrsg.), 1986. Verben in Feldern. Valenzwörterbuch zur Syntax und Semantik deutscher Verben. Berlin/New York: Walter de Gruyter.

Scuffil, M., 1982. *Experiments in comparative intonation: a case study of English and German*. Tübingen: Niemeyer.

Sgall, P., 1982. Wortfolge und Fokus im Deutschen. In: Abraham, W. (Hrsg.), 1982; 59-74.

Sichelschmidt, L., 1989. *Adjektivfolgen*. Opladen: Westdeutscher Verlag.

Silbermann, A. 1982. *Handwörterbuch der Massenkommunikation*. Bd. 1 u. 2. Berlin: Verlag Volker Spiess.

Sinclair, J./M. Coulthard, 1975. *Towards an Analysis of Discourse*. Oxford: OUP.

Sinclair, J./ M. Hoey/ G. Fox (eds.), 1993. *Techniques of Description. Spoken and written discourse*. London: Routledge.

Stein, D., 1979. Zur funktionalen Satzperspektive im Deutschen und Englischen. *Linguistik und Didaktik* 10; 361-369.

Steinberg, G., 1971. *Erlebte Rede. Ihre Eigenart und ihre Formen in neuerer deutscher, französischer und englischer Erzählliteratur*. Göppingen: Kümmerle.

Steube, A., 1985. Erlebte Rede aus linguistischer Sicht. *Zeitschrift für Germanistik* 4/1985; 389-406.

Taglicht, J., 1982. Intonation and the Assessment of Information. *Journal of Linguistics* 18 (2); 213-230.

Tappe, H.-T., 1989. A Note on Split Topicalization in German. In: Bhatt/Löbel/Schmidt (eds.) 1989; 159-179.

Thiersch, C., 1978. *Topics in German Syntax*. Diss. MIT. Cambridge/ Mass.

Uhmann, S., 1993. Das Mittelfeld im Gespräch. In: Reis, M. (Hrsg.) 1993; 313-354.

Valentin, P. (Hrsg.), 1992. *Rechts von N: Untersuchungen zur Nominalgruppe im Deutschen*. Tübingen: Narr.

Van der Velde, M., 1980. Quantoren hin - Quantoren her. In: Weigand, E./G.Tschauder (Hrsg.), 1980. *Perspektive: textintern*. Tübingen: Niemeyer.

Vater, H., 1978. *Nominal- u. Adverbialsyntax. Leitfaden zur Vorlesung*. Universität Köln.

Vater, H., 1979. *Determinantien I*. Trier: LAUT (=KLAGe Nr.6).

Vater, H., 1980. Quantifier Floating in German. In: Auwera, J. (ed.), 1980; 232-249.

Vater, Heinz, 1981. "Les déterminants: délimitation, syntaxe, sémantique." *DRLAV* 25, 145-173.

Vater, H., 1982. Der 'unbestimmte Artikel' als Quantor. In: Welte, W. (Hrsg.), 1982. *Sprachtheorie und Angewandte Linguistik: Festschrift für Alfred Wollmann zum 60. Geburtstag*. Tübingen: Narr; 67-74.

Vater, H., 1984a. Determinantien und Quantoren. *Zeitschrift für Sprachwissenschaft* 3,1; 19-42.

Vater, H., 1985. *Einführung in die Nominalphrasensyntax des Deutschen*. Köln: Universität. Köln (=KLAGE) 10).

Vater, H. (Hrsg.), 1986. *Zur Syntax der Determinantien*. Tübingen: Narr.

Vater, H., 1986a. Zur Abgrenzung der Determinantien und Quantoren. In: Vater (Hrsg.) 1986; 7-12.

Vater, H., 1986b. Zur NP-Struktur im Deutschen. In: Vater (Hrsg.) 1986; 123-146.

Vater, H., 1991. Determinantien in der DP. In: Olsen/Fanselow (Hrsg.) 1991; 15 - 34.

Vater, H., 1992. *Einführung in die Textlinguistik*. München: Fink.

Vater, H., 1992. Asymmetrie deutscher Nominalphrasen. In: Valentin (Hrsg.) 1992; .

Vater, H., 1993. Determinantien in koordinierten NPs. In: Vuillaume et al. (Hrsg.), 1993; 65 - 83.

Vater, H., 1994. *Einführung in die Sprachwissenschaft*. München: Fink.

Vuillaume, M./J.F. Marillier/I. Behr (Hrsg.) 1993. *Studien zur Syntax und Semantik der Nominalgruppe*. Tübingen: Narr.

Weigand, E., 1979. Zum Zusammenhang von Thema/Rhema und Subjekt/Prädikat. *ZGL* 3,1979; 167-189.

Weiß, D., 1975. Topic und ein seltsamer Comment. *Linguistische Berichte* 36; 24-36.

Werner, O., 1978. Der bestimmte Artikel als All-Quantor. In: Hartmann, D./ H.J. Linke/O. Ludwig (Hrsg.), 1978. *Sprache in Gegenwart und Geschichte*. Köln/Wien: Böhlau; 215-235.

Wichter, S., 1980. Die Abfolge aus Nominalphrase und Satz als Einheit des gesprochenen Deutsch. *ZGL* 8, 1980; 34-50.

Zimmermann, R., 1972. Themenfrontierung, Wortstellung und Intonation im Deutschen und im Englischen. *Die neueren Sprachen* 21; 15-28.

Zydatiss, W., 1981. Existential-locating sentences in English and German. In: Esser, J./A. Hübler (eds.), 1981; 73-81.

In der seit 1991 vom Gabel Verlag publizierten Schriftenreihe
"Kölner Linguistische Arbeiten - Germanistik" (KLAGE),
die von Universitätsprofessor Dr. Heinz Vater herausgegeben wird,
sind die folgenden Titel lieferbar:

16. Ramers, Karl-Heinz und Heinz Vater:
Einführung in die Phonologie.
4. Aufl. V, 130 S.
ISBN 3-921527-32-5 DM 24,-

19. Klein, Ulrich F. G.:
Fokus und Akzent.
2. Aufl. VIII, 102 S.
ISBN 3-921527-24-4 DM 20,-

20. Zaun, Detlef P.:
LISP. Eine Einführung - nicht nur für Linguisten.
1. Aufl. VI, 147 S.
ISBN 3-921527-20-1 DM 24,-

22. Siebert-Ott, Gesa:
Sprachberatung - Sprachförderung - Sprachunterricht.
2. Aufl. VI, 113 S.
ISBN 3-921527-22-8 DM 21,-

23. Bhatt, Christa:
Einführung in die Morphologie.
2. Aufl. V, 57 S.
ISBN 3-921527-21-X DM 16,-

24. Vater, Heinz:
Einführung in die Raum-Linguistik.
3. Aufl. IV, 105 S.
ISBN 3-921527-33-3 DM 22,-

25. Vater, Heinz
Einführung in die Zeit-Linguistik.
3. Aufl. IV, 121 S.
ISBN 3-921527-30-9 DM 22,-

26. Dürscheid, Christa:
Modelle der Satzanalyse; Überblick und Vergleich.
1. Aufl. VI, 85 S.
ISBN 3-921527-25-2 DM 18,-

27. Büring, Daniel:
Linking; Dekomposition - Theta-Rollen - Argumentstruktur.
1. Aufl. VII, 144 S.
ISBN 3-921527-26-0 DM 23,-

28. Dürscheid, Christa:
Sprachwissenschaft und gymnasialer Deutschunterricht. Bilanz einer Entwicklung.
1. Aufl. IV, 92 S.
ISBN 3-921527-28-7 DM 18,-

29. Agel, Vilmos:
Valenzrealisierung, finites Substantiv und Dependenz in der deutschen Nominalphrase.
1. Aufl. IV, 64 S.
ISBN 3-921527-29-5 DM 17,-

30. Büttner, Claudia:
Autistische Sprachstörungen.
1. Aufl. VI, 180 S.
ISBN 3-921527-31-7 DM 28,-

31. Kniffka, Gabriele:
NP-Aufspaltung im Deutschen.
1. Aufl. VI, 168 S.
ISBN 3-921527-34-1 DM 29,-